Wolfgang Plasser

Souverän Entscheiden – Die Studie

Wolfgang Plasser

Souverän Entscheiden – Die Studie

Entscheidungsverhalten von Top-Managern und Entscheidern in Hoch-Risikobereichen

Master-Thesis am Lehrgang „Counseling"
ARGE Bildungsmanagement 2012
Betreuer: MMag. Berndt Exenberger, MSc
Wissenschaftliche Leitung:
Univ.-Prof. Mag. Dr. Gerhard Benetka

© 2012 Wolfgang Plasser
wp@plasser-consulting.at
www.souveraen-entscheiden.at

Herstellung und Verlag:
BoD Books on Demand, Norderstedt
Printed in Germany

Bibliographische Information der Deutschen Bibliothek
Die Deutsche Bibliothek verzeichnet diese Publikation in der
Deutschen Nationalbibliographie; detaillierte bibliographische Daten
sind im Internet unter http://dnb.ddb.de abrufbar.

ISBN 978-3-8482-5851-2

Dankeschön:

Mein besonderer Dank gilt den Interviewpartnern, die sich Zeit für mich und dieses Forschungsprojekt genommen haben. Bei vielen meiner Gesprächspartner hatte ich den Eindruck, dass sie die Zeit für die Interviews in sehr dicht gepackten Terminkalendern finden mussten.

Mein Dankeschön geht auch an MMag. Bernd Exenberger, MSc, für die sehr sorgsame und genaue Betreuung und Unterstützung.

Danke auch an Hanne Rohrauer für ihre so geduldige Unterstützung beim Schreiben.

Inhaltsverzeichnis

Abkürzungen

CDM	Classical Decision Making
CRM	Cockpit Resource Management
F&FH	Fast and Frugal Heuristic
HDM	Humble Decision Making
HR	Hoch-Risiko
ÖAV	Österreichischer Alpenverein
NDM	Natural Decision Making
(psy)	psychologisch
RPD	Recognition Primed Decisions
SWOT	Strengths, Weaknesses, Opportunities, Threats
TM	Top-Management

1. Hintergrund und Zielsetzung

1.1. Zielsetzung und Fragestellung

Zielsetzung dieser Studie ist es, die Entscheidungsverfahren und Entscheidungsstrukturen der beiden Bereiche Top-Management und Hoch-Risiko zu betrachten, in ihrer jeweiligen Eigenart besser verständlich zu machen. Es werden sowohl allfällige Gemeinsamkeiten als auch Unterschiede untersucht und vor dem Hintergrund ausgewählter Entscheidungsmethoden und -Tools analysiert.

Die konkrete Fragestellung dieser Arbeit lautet: „Wie entscheiden Führungskräfte im Top-Management im Vergleich zu Entscheidern[1] in Hoch-Risikobereichen?"

1.2. Aufbau der Arbeit

In einem ersten Schritt werden die grundlegenden Zugängen zum Entscheiden – rationales, intuitives sowie gemeinsames Entscheiden – vergleichend beschrieben. Wesentliche Bestimmungsgrößen von Entscheidungen wie Unsicherheit, Risiko und Druck werden dargestellt und in Hinsicht auf die Bereiche Management und Hoch-Risiko untersucht. Die prinzipiellen Entscheidungswege werden nach dem aktuellen Stand der Forschung betrachtet. Daraus werden forschungsleitende Unterfragestellungen entwickelt.

Im empirischen Teil werden die Ergebnisse der Inhaltsanalyse dargestellt und vor dem Hintergrund der grundlegenden Zugänge zum Entscheiden diskutiert. Spezielles Augenmerk gilt

---

[1] In dieser Arbeit wird durchgängig die männliche Sprachform gewählt, um den Text einfacher lesbar zu machen.

hier auch der Aneignung von Entscheidungskompetenz. Im abschließenden Ausblick werden Anregungen für weitere qualitative Forschungsprojekte zur Gewinnung von Hypothesen gegeben.

1.3. Die Rolle des Autors

Das Interesse des Autors an dieser Forschungsaufgabe speist sich aus zwei Erfahrungshintergründen, erstens der eigenen Führungserfahrung im Management und zweitens der eigenen Führungserfahrung im Hoch-Risikobereich als Skitouren-Instruktor im Österreichischen Alpenverein (ÖAV).

1.3.1. Erfahrung im Management

Der Autor war selbst mehrere Jahre in einer Managementposition als Geschäftsführer einer Mediaagentur mit (damals) rund 100 Mitarbeitern und mit definierten Entscheidungsbereichen tätig. In dieser Position standen täglich viele kleine, monatlich mehrere mittlere und gelegentlich auch große Entscheidungen an. Das Entscheidungswissen des Autors ist damals eher zufällig gewachsen. Daher waren viele dieser Alltags-Entscheidungen im Management zunächst mit einem hohen Gefühl innerer Unsicherheit und Zweifeln verbunden. Daraus erwuchs das Interesse sich intensiver mit dem Thema Entscheiden, Entscheidungsstrukturen und Entscheidungshilfen zu beschäftigen.

1.3.2. Erfahrung im Hoch-Risiko

Der Autor ist seit ca. 20 Jahren als Skitourengeher abseits der gesicherten Pisten im freien alpinen Gelände unterwegs. Jahrelang basierten die Entscheidungen, eine bestimmte Skitour durchzuführen, einen spezifischen Hang zu befahren auf eher zufälligen Erfahrungen. Es gab immer ein starkes Gefühl der Unsicherheit bei diesen Entscheidungen. Meist wurde versucht, diese Unsicherheit im inneren Dialog zu lösen, mit Affirmationen wie „Das ist ja schon so oft gut gegangen, das hast Du schon so oft gemacht." – mit stark wechselndem Beruhigungserfolg.

Seit dem Jahr 2005 ist der Autor staatlich geprüfter Skitouren-Instruktor. Er leitet im Winter ehrenamtlich Lawinenkurse für Skitourengeher im Umfang von in Summe rund 20 Tagen. Inhalt der Kurse ist die theoretische Vermittlung der neuen Lawinenkunde und die praktische Umsetzung im Gelände. Einer der Schwerpunkte der Ausbildung zum Skitoureninstruktor war und ist die Risikoreduktionsmethode *Stop or Go*, entwickelt von Mag. Michel Larcher, Leiter des Referates Bergsport im ÖAV. *Stop or Go* ist ein einfach handhabbares, innerhalb von ein bis zwei Tagen erlernbares Entscheidungsverfahren, das unter den hochkomplexen Rahmenbedingungen einer Skitour binnen Minuten sehr robuste Entscheidungen ermöglicht. *Stop or Go* kann auch als *Fast and Frugal Heuristic* (vgl. Gigerenzer, 2011) interpretiert und verstanden werden.

1.4. Anregungen zum Forschungsgegenstand

Die Erfahrung dieses Unterschiedes – einerseits Lernen aus der Erfahrung und andererseits ein simples und robustes Entscheidungsverfahren – hat den Autor auf vielfache Weise angeregt und ist letztendlich der Primärimpuls zu dieser Studie. Die wichtigsten forschungsleitenden Fragen waren dabei: Wie ist es möglich, unter den hochkomplexen Kontextbedingungen einer Skitour bei Lawinenwarnstufe 3, mit ein wenig Erfahrung und Praxis im Umgang mit *Stop or Go* ein Maximum an Erfolg/Vergnügen mit einem Minimum an Risiko zu erreichen? Wie lässt sich diese Einfachheit, Output-Maximierung und Robustheit auf andere Entscheidungsfelder, z.B. das

Management, übertragen? Und gibt es weitere Möglichkeiten einer Querbefruchtung zwischen diesen beiden Bereichen?

2.   Theoretische Einführung

2.1.   Was ist Entscheiden?

2.1.1.   Etymologische Herkunft

Ein erster möglicher Zugang zu dieser Frage ist die etymologische Herkunft des Wortes „Ent-scheiden". Das Duden-Wörterbuch führt als Wortbedeutung des Wortstammes „scheiden" 'schneiden, trennen' an. Der Terminus „scheiden" entwickelte sich demnach aus der indoeuropäischen Wortwurzel „*skēi- 'schneiden, trennen, scheiden". Aus derselben Wortwurzel entstammen auch Begriffe wie englisch „Science" – die Kunst des Trennens und Unterscheidens, auch „gescheit", aber auch „Ausscheiden" (und somit auch „Shit") – die Trennung vom Verbrauchten und Überflüssigen (vgl. Duden, 1997, S. 625).

Das Verbum „entscheiden" wird seit dem 8. Jahrhundert mit „einen Entschluss fassen, bestimmen, den Ausschlag geben" umschrieben. Das Partizip „entschieden" wird seit dem 18. Jahrhundert mit Synonymen wie „bestimmt, entschlossen" beschrieben (Hervorhebungen im Original, vgl. ebd., S. 625).

Etymologisch sind die Begriffe „entscheiden" und „Entscheidung" somit in erster Linie mit Trennung, einem Ausscheiden von alternativen Optionen verbunden. Im Laufe der jahrhundertlangen Verwendung und eines allmählichen Bedeutungswandels scheinen diese Ausdrücke um die Konnotation einer Art von Festigkeit oder Bestimmtheit angereichert worden zu sein.

2.1.2. Geschichte des Entscheidens: Startpunkte

Buchanan und O`Connell (2006) lassen die Geschichte der Zugänge zum Entscheiden in prähistorischen Zeiten beginnen. Damals seien die menschlichen Entscheidungen von mantischen Verfahren, das sind vor allem Interpretationen und Deutungen von Eingeweiden, Rauch, Träumen und Ähnlichem, beeinflusst worden (vgl. ebd., 2006). Da aus diesen Zeiten außer Ton- und Knochenfragmenten wenig Greifbares überliefert ist, scheint es sich hier weitgehend um Spekulation oder um einen Rückschluss aus historisch Bekanntem auf Unbekanntes zu handeln. Es könnte auch der Versuch vorliegen, für die späteren rationalen Entscheidungstheorien einen kontrastierenden Hintergrund zu bauen.

Der Psychologe Julian Jaynes (1997) vertritt in seinem Werk „Der Ursprung des Bewusstseins" die These, dass in frühgeschichtlichen Zeiten die Menschen auf innere Stimmen, die Stimmen der Götter gehört hätten. Er führt hierfür als biblische Beispiele aus dem Mittleren Osten die „Söhne der nebi'im" an, die in besondere Zustände der „Raserei" verfallen und dabei „halluzinierte Stimmen" hören (vgl. ebd., S. 378). Nach diesem Muster interpretiert Jaynes auch die Handlungsimpulse der Akteure in der Illias von Homer. Sie überlegen nicht, was sie als nächstes tun wollen, sondern folgen den „Stimmen der Götter". „Eine Göttin flößt mit ihrem Geflüster das süße Verlangen nach der alten Heimat in das Herz der Helena [...]. Ein Gott heißt Glaukos die goldene Wehr gegen eine eherne zu tauschen [...] und stets ist es ein Gott, der die Heere in der Schlacht führt, der in kritischen Momenten zu den einzelnen Kriegern spricht [...]." (ebd., S. 94). Diese inneren und als göttlich interpretierten Stimmen lassen sich als eine mögliche Form der Intuition deuten – und sie haben direkten Einfluss auf die Entschlüsse der semitischen und griechischen Akteure.

In ihrer historischen Auflistung stellen Buchanan & O'Connell (2006) für das 5. Jhd. v. Chr. erste Gruppenentscheidungen dar. Im Stadtstaat Athen entscheiden die erwachsenen Männer per Mehrheitsentscheid über die wesentlichen Angelegenheiten der Stadt. (vgl. ebd.). Diese Art von Gruppenentscheid breitet sich nach diesem Vorbild im gesamten hellenisch-römischen Kulturkreis aus und steuert im römischen Senat bis ca. 300 die Geschicke des römischen Weltreiches. Ähnliche Formen von Gruppenentscheidungen beschreibt Tacitus für die Germanen, wo Führungsangelegenheiten und Rechtsfragen im abgehaltenen „Thing" gemeinschaftlich entschieden werden (vgl. Blümel, 2007, S. 14).

Einen formal anderen Zugang findet im 4. Jhd. v. Chr. Aristoteles. Er begründet die formale, schließende Logik, die es ermöglicht syllogistische Beweisführungen mit dem Ergebnis „logisch wahr" und „logisch falsch" zu führen. Ein weiterer Baustein seiner rational orientierten Denkschule ist die Gründung der Erkenntnisse auf empirische, mit den Sinnen beobachtbare, Tatsachen (vgl. Buchanan & O'Connell, 2006).

Damit sind bereits in früher historischer Zeit drei mögliche Grundzugänge zum Entscheiden vorhanden:
1. Der *rationale* Zugang mittels Sinneswahrnehmung, Empirie, logischem Denken;
2. Der *intuitive* Zugang über die inneren Stimmen;
3. Der *gemeinsame* Zugang für Entscheidung in Gruppen;
4. Zusätzlich wird eine *empirisch-unbewusste Form von Intuition* behandelt, die erst in der modernen kognitiven Psychologie beschreibbar wird.

Diese vier Grundformen werden in weiterer Folge dieser Arbeit wiederholt aufgegriffen und als Referenzsysteme für Beobachtungen und Beschreibungen von Beobachtungen verwendet.

2.1.3. Geschichte des Entscheidens: Entwicklungen

Alle vier Grundformen lassen sich bis in die Gegenwart verfolgen.

2.1.3.1. Der rationale Zugang

Wichtige Meilensteine der rationalen Schule nach der aristotelischen Logik sind vor allem Weiterentwicklungen der Zahlen und der Mathematik. Im 9. Jhd. wurde in Europa das hindu-arabische Zahlensystem übernommen, das einfachere Berechnungen ermöglicht.

Im Jahr 1660 konstruiert Pascal eine (gedankliche) Wette, ob es vernünftig sei, ein mögliches Leben nach dem Tod auf die Existenz eines belohnenden und strafenden Gottes zu setzen. Seine Beweisführung ist stringent: Wenn dieser Gott nicht existiert, dann macht es keinen Unterschied, ob man glaubt oder nicht. Existiert er hingegen, dann ist man gut beraten, auf seine Existenz gesetzt zu haben. Denn der gläubige Wettende wird mit dem ewigen Himmel belohnt. Der wahrscheinlichkeits-logische Schluss Pascals: Es sei besser ein Leben lang mit hoher Wahrscheinlichkeit zu irren, als die hohen Konsequenzen zu tragen, falls es doch einen belohnenden und strafenden Gott und somit Himmel und Hölle gibt. Damit wurde sozusagen ein modernes Risikoassessment begründet: Ein potentiell hoher Schaden für den Ungläubigen – ewige Hölle – sollte selbst bei geringer Eintrittswahrscheinlichkeit vermieden werden (vgl. Jungermann, Pfister & Fischer, 2010, S. 204).

Im 18. Jahrhundert entwickelten Daniel Bernoulli und Carl Friedrich Gauß die Grundlagen von Risikoberechnung und Wahrscheinlichkeitsverteilung (vgl. Bernstein, 1996) und schufen damit die Möglichkeit, die Wahrscheinlichkeit des Eintretens von Konsequenzen zu berechnen.

1907 differenziert und präzisiert Frank Knight die Begriffe „Unsicherheit" und „Risiko" und legt damit die Fundamente für Entscheidungen nach versicherungsmathematischen Prognosemodellen (vgl. Knight, 2002, S. 19ff.).

Mitte des 20. Jhd. wird die Spieltheorie vor allem durch und auf der Grundlage von John von Neumanns Ideen entwickelt. Die Spieltheorie ist eine mathematische Disziplin, bei der Spiele von mehreren Personen untersucht werden, die sich nach abstrakten und eindeutigen Regeln beschreiben lassen (vgl. Mérö, 2000, S. 35ff.). Eine der Kernfragen dabei ist, wie optimale Entscheidungen aussehen, wenn mehrere Spieler das gleiche Ziel, nämlich die Maximierung ihres eigenen Nutzens verfolgen. Klassische Spiele der Spieltheorie sind das Gefangenendilemma und auch „Chicken". Bei „Chicken" fahren zwei Kontrahenten mit Autos auf einer engen Straße auf Kollisionskurs. Wer als erster ausweicht hat verloren. In der Sprache der Spieltheorie stellt das ein sogenanntes „Nash-Equilibrium" dar, das aus zwei Personen mit zwei möglichen Strategien besteht. Die in der Spieltheorie von John von Neumann geschulten Berater von US-Präsident John F. Kennedy unterzogen seine Erkenntnisse aus dem „Chicken"-Game in der Kuba-Krise einer praktischen, weltweiten und weltbedrohenden Anwendung. Chruschtschov wurde von Anfang an vermittelt, dass die USA in dieser Frage keine Kompromisse eingehen und auch einen Atomkrieg in Kauf nehmen würden, wenn die UdSSR weitere Raketen auf Kuba stationieren würde (vgl. ebd., S. 88ff., sowie Brams, 2001, S. 4).

In den 1960er Jahren wurde an der Harvard University das Konzept der SWOT-Analyse entwickelt, ein einfaches Tool, das eine systematische Analyse von Szenarien ermöglicht. In einer Vier-Felder-Matrix werden die Stärken (engl. *Strengths*) und Schwächen (*Weaknesses*) eines Szenarios anhand von externen Auswirkungen (*Opportunities* und *Threats*) aufgelistet (vgl. Buchanan et al., 2006).

Die rationale Entscheidungstheorie wurde gegen Ende des 20. Jhd. immer mehr zu einer Domäne der Wirtschaftswissenschaft und es wurden immer ausgefeiltere und komplexere Prognoseinstrumente entwickelt. Einen der negativen Höhepunkte dieser Entwicklung stellt 1998 der Crash des Finanzinstituts *Long-Term-Capital-Management* (LTCM) dar, der zu einem Beinahe-Zusammenbruch der internationalen Finanzmärkte führte. LTCM baute seine Analyse- und Prognosetools für spekulativen Derivathandel auf rein rationalen, mathematisch-prognostischen Modellen von Black, Scholes und Morton auf, die für ihre Modelle mit dem Wirtschafts-Nobelpreis ausgezeichnet worden waren (vgl. Lowenstein, 2002).

Einen weiteren Fortschritt der rationalen Entscheidungshilfen stellt Ende des 20. Jhd. MAUA – die *Multi-Attribute Utility Analyse* – dar. Mithilfe von MAUA können in computergestützten Analyseprozessen komplexe Szenarien analysiert werden (vgl. John, von Wintersfeldt & Edwards, 1983, S. 302).

2.1.3.2. Zwei Arten von Intuition

Im Kapitel 2.3.3.1 wird das Thema Intuition in seiner Vielschichtigkeit noch ausführlich behandelt. Vorweggenommen sei hier nur, dass Intuition kein eindeutiger und somit kein leicht fassbarer Begriff ist. Daher operiert der Autor hier mit zwei Intuitionsbegriffen:

- Intuition (1) – unbewusstes, empirisches Lernen
- Intuition (2) – innere Stimmen

Diese beiden Begriffe sind nicht immer klar und eindeutig zu trennen – und dennoch hilft diese Trennung aus Sicht des Autors, um zumindest zwei mögliche Aspekte der Intuition behelfsmäßig behandeln zu können.

2.1.3.3. Der intuitive Zugang (1) – empirisch

Zur Intuition (1) formuliert Sigmund Freud um 1900 sein topographisches Modell des Bewussten, des Vorbewussten und Unterbewussten. In Freuds Theorie der Person ist das Unbewusste ein eigener Bereich, der insbesondere „ein Hort des Verdrängten, also unangemessener Gedanken, Gefühle und Intentionen ist" (Metz-Göckel, 2011, S. 201). Freud eröffnet damit dennoch die Sichtweise, zusätzlich zum bewussten, rationalen Denken noch weitere (unbewusste, vorbewusste) Gedanken, Vorstellungen und psychische Elemente denkmöglich zu machen (vgl. Köhler, 2007, S. 39ff.). Sein Schüler Jung formuliert ein Modell des Bewusstseins, das neben Denken, Empfindung und Gefühl auch explizit die Intuition als viertes Element beinhaltet (vgl. Hänsel, 2002, S. 34ff.).

In weiterer Folge werden dem Unbewussten/Intuitiven unterschiedliche Qualitäten zugeschrieben. Moderne Ansätze sprechen eher von einem adaptiven Unbewussten, das der schnellen Anpassung an die Erfordernisse der Umwelt dient (vgl. Metz-Göckel, 2011).

Herbert Simon entwickelt 1947 das Konzept der *„Bounded Reality"*. Es sei nicht möglich, komplexe Probleme und Aufgaben rein rational zu lösen, der rationale Zugang habe seine Limitationen (vgl. Simon, Massimo & Lapthorn, 2008, S. 3).

Amos Tversky und Daniel Kahneman stellen 1979 ihre *„Prospect Theory"* vor und zeigen in einer Fülle von Experimenten, dass das rationale Nutzenmaximierungsmodell unter Unsicherheit aufgrund von unbewussten *„Biases"* (also Verzerrungen) nahezu unvermeidliche Schwächen zeigt, also andere intuitive Einflüsse stärker wirken, als die Rationalität (vgl. Kahneman, 2011, S. 281f.). Gerd Gigerenzer stellt die rationalen Entscheidungsmodelle noch grundsätzlicher in Frage und entwickelt für viele Fragestellungen *„Fast & Frugal Heuristics"* (vgl. Gigerenzer, 1999a, mehr dazu 2.3.3.5).

2005 landet Malcom Gladwell mit dem Buch *Blink* einen Bestseller, der auch in wissenschaftlichen Kreisen viel zitiert wird. Er zeigt anhand einer Fülle von Beispielen, dass spontane und intuitive Entscheidungen besser abschneiden, als solche nach aufwändigen rationalen Analyseverfahren (vgl. Gladwell, 2007).

2.1.3.4. Der intuitive Zugang (2) – innere Stimmen

Jaynes (1997) entwickelt das Modell der sogenannten *bikameralen Psyche* oder der *Zwei-Kammer-Psyche*. Aus seiner Analyse von antiken mesopotamischen, biblischen und griechischen Texten leitet er ab, dass bei den Menschen damals Wollen, Planung und Handlungsanstoß ohne

Bewusstsein zustande kamen und dem Individuum fix und fertig in seiner vertrauten Sprache mitgeteilt wurden. Die Individuen folgten diesen Stimmen, weil sie nicht wussten, was sie von sich aus tun könnten (vgl. ebd., S. 98). Handlungen und Entscheidungen wurden also nicht von bewussten Planungen initiiert, sondern durch das Handeln und Reden der Götter, so Jaynes (vgl. ebd., S. 95). Auch antike Orakel, wie das Orakel von Delphi nützten die bikameralen Kräfte der Pythia. Sie sprach mit der Stimme des Gottes Apollo und war somit in der Lage, die damalige Welt bewegende Entscheidungen zu beeinflussen (vgl. ebd., S. 390ff.).

Jaynes stellt diese bikameralen Einflüsterungen in die Nähe der modernen Diagnosen Schizophrenie und Psychose, bei denen auch deutliche vom Subjekt unterschiedene innere Stimmen gehört werden, die zum Teil auch räumlich lokalisiert werden können (vgl. ebd., S. 113f.). Andererseits konstruiert Jaynes auch eine Nähe zu Phänomenen unter Hypnose. Nach seinem Hypnosemodell werden nach der Tranceinduktion zusätzliche Befähigungspotentiale aufgerufen, die aus seiner Sicht dem bikameralen Paradigma entsprechen (vgl. ebd., S. 461ff.).

Die Hypothesen von Jaynes sind durchaus umstritten. Da jedoch Intuition immer wieder mit „inneren Stimmen" oder einer Art von „Geführtheit" in Verbindung gebracht wird, erscheint es im Kontext dieser Arbeit interessant, diesen Aspekt der Intuition nach dem mit wissenschaftlichen Methoden beschriebenen Modell von Jaynes darzustellen.

2.1.3.5. Gemeinsam Entscheiden

Im Anschluss an die griechisch-römische Entscheidungstradition entscheiden die katholischen Konzile über fundamentale Fragen der Glaubensdoktrin, der

Selbstorganisation und so über die Zukunft der Kirche gemeinsam (Durant, 1952, S. 62ff.).

In der anglo-amerikanischen Literatur wird ab dem 18. Jhd. eine innovative Form des gemeinsamen Entscheidens für die Quäker beschrieben: Einheit statt Mehrheitsentscheid. Wenn sich in den *Business Meetings* der Quäker die Teilnehmer sensitiv und empfänglich verhalten, dann kommt eine „innere Klarheit" der Teilnehmer zustande. Dabei können auch Meinungen einer kleinen Minderheit einen Prozess so lange verzögern, bis alle die gleiche „Klarheit" zu dieser Frage gefunden haben. Diese Form der gemeinsamen Entscheidungsfindung geht in der Auswahl der beachteten Beiträge über das reine Anhören des Gesprochenen hin zum Einbeziehen und zum Verstehen von Stimmungen und sonstigen nonverbalen Hinweisen (vgl. Hamm, 2006).

Gruppenentscheidungen unterliegen ihren eigenen speziellen Verzerrungen und *Biases*: 1972 beschreibt Irving Janis mit *Groupthink* eine wichtige immanente Falle. Als *Groupthink* wird jenes Phänomen bezeichnet, dass sich Gruppenmitglieder häufig vorschnell für eine Alternative entscheiden und wesentliche Informationen und andere Optionen ausblenden. Sie opfern so potenziell bessere Entscheidungsoptionen für ihr Bedürfnis nach Konsens und Harmonie (vgl. Eisenführ, Weber & Langer, 2010, S. 264f.).

Bis in die 1970er-Jahre wurden rund 65 % aller Unfälle in der Luftfahrt auf Pilotenfehler zurückgeführt, zumeist einsame Entscheidungen des Chefpiloten. Das war Anlass, ein Trainingsprogramm namens *Cockpit Ressource Management* (CRM) zu entwickeln. Dabei lernt und trainiert die Cockpit-Crew einen Entscheidungsprozess, der es auch unter Zeitdruck ermöglicht, die Beobachtungen, Wahrnehmungen und Überlegungen aller Crew-Mitglieder miteinzubeziehen (vgl. Lehrer, 2009, S. 322ff.).

Eine wichtiger Anstoß für das Verstehen von gemeinsamen Entscheidungen kommt aus der bildgebenden Gehirnforschung mit dem Konzept der Spiegelneuronen (vgl. Bauer, 2005, S. 23f.).

Und einen interessanten Denkanstoß für gemeinsames Entscheiden liefert Malcom Gladwell in dem Buch *Wisdom of the Crowd*. Dabei zeigt er an einer Fülle von Beispielen, dass auch in hochkomplexen Fragen Gruppen von Laien besser entscheiden als einzelne Experten (vgl. Gladwell, 2005).

2.2. Begriffsdefinitionen

In der etymologischen Betrachtung hat sich gezeigt, dass „Entscheiden" zwei wesentliche Komponenten beinhaltet: Das Abtrennen, Ausscheiden von Möglichkeiten sowie die Bestimmtheit, die Entschiedenheit, die damit einhergeht.

Die konstruktivistische Sicht Heinz von Försters soll hier kurz eingebracht werden, um das Thema noch grundsätzlicher zu betrachten und auch Verständnis für die Schwierigkeiten beim Entscheiden zu schaffen: „Es sind nur die prinzipiell unentscheidbaren Frage, die *wir* entscheiden können" (von Förster, 2002, S. 67). Alle entscheidbaren Fragen sind schon vorentschieden, sie entstammen einem Bereich, für den alle Informationen vorliegen oder die Entscheidungs- und Spielregeln eindeutig festgelegt sind. Und dieses Heinz-von-Förster-Theorem reißt eine zusätzliche Schwierigkeit beim Entscheiden auf: die ethische Verantwortung, zusätzlich zu all der Ungewissheit, dem Risiko und allen anderen Unwissbarkeiten.

Für die aktuelle Entscheidungsforschung stellt sich nun die Frage: Sind das auch die aktuellen Bedeutungen, die in der Forschung Verwendung finden? Welche aktuelleren, spezifischeren Bedeutungszusammenhänge werden in welchem Forschungskontext verwendet? Und natürlich: Welche Faktoren machen eine Entscheidung aus? Was sind die Ingredienzien, die eine Entscheidung zu einer Entscheidung machen?

2.2.1. Entscheidung

Was „Entscheiden" und was eine „Entscheidung" ist, wird je nach gewähltem Paradigma unterschiedlich verstanden.

Klatetzki (2006) definiert – angelehnt an die zweck-rationalistische Denkschule – Entscheiden wie folgt:

> „Aufgrund der kulturellen Hegemonie des zweck-rationalen Denkens wird unter Entscheiden jedoch meist die Wahl einer Handlungsoption aufgrund des Abwägens von Vor- und Nachteilen verstanden. [...] [Im Kern bedeutet Entscheiden, dass ein Entscheider] eine Reihe bekannter und feststehender Handlungsalternativen betrachtet, die wahrscheinlichen Konsequenzen jeder Alternative abwägt und sich dann für diejenige entscheidet, die seinen Nutzen maximiert" (ebd., S. 143).

In der Einleitung des Standardwerkes „Rationales Entscheiden" von Eisenführ, Weber & Langer (2010) wird der Begriff der Entscheidung offensichtlich als bekannt vorausgesetzt und nicht definiert. Die Autoren stellen aber die Frage, was denn

Entscheidungen schwierig macht und stecken auf diesem Umweg ihr Tätigkeitsfeld ab. Neben den Zielen, Optionen (hier Alternativen) werden hier wesentliche neue Elemente eingeführt: Unsicherheit, multiple Ziele und damit Zielkonflikte, Komplexität. Sie monieren in ihrer Einleitung allerdings auch:

> „In vielen Bereichen der Gesellschaft werden ständig Entscheidungen getroffen, deren Auswirkungen von großer Bedeutung für Menschen sind: [...] Jeder, der solche Entscheidungen verfolgt hat, wird gelegentlich erstaunt gewesen sein über das geringe Maß an systematischer Analyse, das zu beobachten war" (Eisenführ et al., 2010, S. 263).

Jungermann, Pfister & Fischer (2010) geben in ihrem Basiswerk „Die Psychologie der Entscheidungen" eine Definition ihres Forschungsgegenstandes „Entscheiden":

> „Als Gegenstand der Entscheidungsforschung betrachten wir Situationen, in denen eine Person sich zwischen mindestens zwei Optionen ‚"präferentiell" entscheidet. [...] Mit dem Begriff "Entscheidung" verbinden wir im allgemeinen mehr oder weniger überlegtes konfliktbewußtes, abwägendes und ziel-orientiertes Handeln. [...] Als Entscheidung wurde lange allein der Moment bzw. das Ergebnis der Ent-scheidung zwischen gegebenen Optionen verstanden (Jungermann et al., 2010, S. 3).

Mit diesen Definitionen wird grob umrissen, was eine Entscheidung zu einer Entscheidung macht: die Wahl zwischen mehreren Optionen, Überlegen, ein oder mehrere Ziele, Konflikte, Abwägen, Nutzen und Entscheidungsmoment vs. Entscheidungsprozess.

In einem Punkt erweitert der Autor dieser Studie bewusst diesen Rahmen: Es kann nicht nur um das Entscheiden einzelner gehen, da gemeinsame Entscheidungen bzw. Entscheidungen unter dem Einfluss anderer kulturell zunehmend eine wichtige Rolle spielen (vgl. Eisenführ et al., 2010, S. 263).

Gibt es auch so etwas wie eine „richtige Entscheidung"? Schulz-Hardt (2007) versteht darunter, „die Wahl derjenigen Alternative [...], die zum Zeitpunkt der Entscheidung am besten mit den verfügbaren Informationen in Einklang steht, d.h. die zum Entscheidungszeitpunkt den höchsten Grad der Zielerreichung verspricht" (ebd., S. 141). Daraus ergebe sich allerdings auch, dass die zum Entscheidungszeitpunkt richtige Lösung nicht unbedingt auch am Ende die richtige sein müsse.

2.2.2. Präskriptiv vs. deskriptiv

Forschung rund um Entscheidung wird vor allem in drei Disziplinen vorangetrieben, der Kognitionswissenschaft, der Psychologie und der Ökonomie. Aus Forschungsergebnissen, Konzepten und Ideen aus diesen Bereichen speist sich ein Großteil der theoretischen Grundlagen diese Arbeit. Es werden daher zu Beginn die für eine Entscheidung relevanten Ingredienzien und Terminologien aus diesen Forschungs-disziplinen vorgestellt und in weiterer Folge die in dieser Arbeit verwendete Bedeutung definiert.

Die in der Ökonomie und der Kognitionswissenschaft wurzelnde *präskriptive Entscheidungstheorie* will mit ihren Analysetools Entscheidungshilfen bei komplizierten Entscheidungen anbieten. Die präskriptive Entscheidungstheorie geht von weitgehender bis hin zu nahezu absoluter Rationalität in der Entscheidungssituation aus. Informationen können systematisch gesammelt, meist mit mathematischen Modellen bewertet und analysiert und in logisch-diskursiven Prozessen interpretiert werden. Dann erfolgt eine Entscheidung unter Fokussierung auf die Optimierung des subjektiv zu erwartenden Nutzens (vgl. Jungerman et al., 2010 und Eisenführ et al., 2010).

Die kognitive Psychologie hingegen beschäftigt sich vor allem mit *deskriptiver Entscheidungstheorie*, das sind Modelle zur Beschreibung und Erklärung von tatsächlichem Entscheidungsverhalten (vgl. Eisenführ et al., 2010, S. 1). Die Entscheider operieren unter limitierter Rationalität (*Bounded Rationality* - vgl. Simon, 1979) bedingt durch Unsicherheit und unvollkommene Rahmenbedingungen und sind mit systematischen Verzerrungen ihrer Wahrnehmungen und Interpretationen konfrontiert (*Biases* - vgl. Kahneman, 2011; Kahneman, Slovic, Tversky, 2001). Sie greifen daher im realen Entscheiden aus gutem Grund auf ganz andere Strategien und einfache Entscheidungshilfen zurück als auf präskriptive, rationale Techniken (vgl. u.a. Klein, 1993; Klein, 2003; Gigerenzer, Hertwig & Pachur, 2011). Diese realen Entscheidungsprozesse lassen sich beobachten und be- schreiben und eventuell durch Lenkung der Aufmerksamkeit auf potenzielle Optimierungsmöglichkeiten verändern und verbessern.

Aus Sicht des Autors bieten beide Ansätze wertvolle Hilfestellungen an: Der präskriptiven Technik/Entscheidungs- theorie gelingt dies in Form von ausgefeilten Analyse- und Prognosemodellen, die eine wesentliche Unterstützung und Ausrichtung für Informationssuche und -aufbereitung in Entscheidungsprozessen darstellen und auch den Fokus darauf lenken, was alles in die Entscheidung mit einbezogen werden kann. Die deskriptive Entscheidungstheorie hingegen zeigt die Grenzen der präskriptiven Methoden auf und untersucht auch neuro-physiologisch und neuro-psychologisch immanente Fallstricke.

2.2.3. Ziele

Dörner (2000) fasst den Kern der Bedeutung von Zielen zusammen: „Wie soll man über Maßnahmen nachdenken oder sich entscheiden, wenn nicht aufgrund von Zielen? Ziele sind gewissermaßen das Leuchtfeuer des Handelns, sie geben ihm Richtung" (ebd., S. 75).

Ziele werden durch drei Komponenten bestimmt: Sie beziehen sich auf *Zukünftiges*, noch nicht Verwirklichtes, sie müssen vom Entscheider *gewollt*, intendiert werden und müssen zumindest unter partieller *Kontrolle* des sich entscheidenden Individuums stehen (vgl. Pfister, 1991, S. 47).

Pfister konstruiert eine Zielehierarchie mit *instrumentellen, temporalen* und *fundamentalen* Zielen. *Instrumentelle* Ziele sind nach seiner Klassifikation Mittel oder Handlungen, die zur Erreichung anderer, insbesondere der fundamentalen Ziele tauglich sind. *Temporale* Ziele beschreiben die Konsequenzen von Entscheidungen und konstituieren einen individuellen Zeithorizont, etwa „bis zum Tag x haben wir y erledigt". Am wesentlichsten für Entscheidungen sind die *fundamentalen* Ziele, auch als semantische Ziele bezeichnet, die die „Bedeutung" tragen, also *das, worum es de facto* geht. Die generellsten fundamentalen Ziele spannen das Bedeutungsfeld von „Einstellungen", „Werten" und „Bedürfnissen" bis hin zu „Idealen" auf (vgl. Pfister, 1991, S. 53, Jungermann et al., 2010, S. 105ff.).

Bei der Formulierung eines Zielsystems für eine Entscheidungsfrage sei es wesentlich, auf folgende Kriterien zu achten: Vollständigkeit, Redundanzfreiheit, Messbarkeit, Präferenzunabhängigkeit (d.h. ob dem Entscheider die Bewertung eines Merkmales ohne Berücksichtigung der Ausprägungen eines anderen Merkmales möglich ist) und Einfachheit (vgl. Eisenführ et al. 2010, S. 68ff.).

Mehrere gesetzte Ziele stellen für die Entscheidung ein Problem dar, wenn sie miteinander konkurrieren. Bei konkurrierenden Zielen beeinträchtigt oder verhindert die Realisierung eines Zieles die Erreichung eines anderen Zieles (vgl. Dörsam, 2007, S. 22).

2.2.4. Optionen/Alternativen

Als *Optionen* bezeichnen Jungerman et al. (2010) Objekte, Handlungen, Strategien und Regeln, zwischen denen gewählt werden kann. Manchmal sind diese Optionen schon bekannt, manchmal müssen sie erst gefunden werden. Von einer Alternative könne man korrekterweise erst sprechen, wenn mehr als eine Option vorliege (ebd., S. 19).

2.2.5. Konsequenzen/Nutzen

Die deskriptive und die präskriptive Entscheidungslehre verwenden zwei unterschiedliche Begriffe für die Auswirkungen einer Entscheidung.

Die deskriptive Entscheidungslehre verwendet für die zu erwartenden Auswirkungen einer Entscheidung häufig den Begriff der Konsequenz. Wird eine Option oder Alternative gewählt, so sind Konsequenzen zu erwarten, also Zustände, die sich aufgrund der Entscheidung ergeben. „Meist entscheidet man sich nicht für eine Option um ihrer selbst willen, sondern

wegen der Konsequenzen, die bei ihrer Wahl zu erwarten sind"
(Jungermann, et al., 2010, S. 22).

In der präskriptiven Entscheidungslehre hingegen spielt der
Nutzen (engl. *Utility)* eine zentrale Rolle. Dabei handelt es sich
mehr um den *subjektiven Wert* einer Konsequenz, wenn also
„jemand den Nutzen einer einzelnen Konsequenz für sich, also
absolut, beurteilt, [...]" (ebd., S. 47).

Jede Wahl oder Entscheidung kann gewünschte und
ungewünschte Konsequenzen haben. Den Nutzen stellen also
die gewünschten Konsequenzen dar, aus der subjektiven
Perspektive des Entscheiders. (Es ließe sich hier auch ein
Brutto- und Netto-Nutzen konstruieren: *Brutto-Nutzen* als die
Summe der gewünschten Konsequenzen, *Netto*-Nutzen als
Brutto-Nutzen minus der Summe der ungewünschten
Konsequenzen). Der *Subjektiv Erwartete Nutzen* (SEU – mit ‚U'
für ‚*Utility'*) ist eine der zentralen Theorien der präskriptiven
Entscheidungstheorie.

Diese rein nutzenorientierte Sichtweise steht in der klassischen
ökonomischen Theorie und auch in der klassischen
Entscheidungslehre im Mittelpunkt. Doch schon Max Weber
erweitert 1922 den Fokus: Neben der reinen *Nutzenrationalität*
– der Maximierung des subjektiven Nutzens – steht die
Wertrationalität, die sich u.a. am ethischen und ästhetischen
Eigenwert eines bestimmten Verhaltens und somit auch
Entscheidens orientiert (vgl. Weber, 1980, S. 13). Ein aktueller
Trend zu einer verstärkten Hinwendung zur Werterationalität
lässt sich bei den in den letzten Jahren wiederholt diskutierten
Bemühungen um *Corporate Governance*, also die Grundsätze
einer verantwortungsvollen Unternehmensführung, ansatzweise
erkennen.

2.2.6. Umweltzustände

Entscheidungen sind ja immer in einen Kontext eingebettet. Mit einer Entscheidung lässt sich nur ein Teil des Kontextes direkt oder indirekt beeinflussen. Die nicht beeinflussbaren Faktoren werden als Umweltzustände bezeichnet (vgl. Dörsam, 2007, S. 9).

2.2.7. Unsicherheit

Das Phänomen der Unsicherheit erwächst aus der „Unwissbarkeit" der Zukunft. Von der Gegenwart aus betrachtet erscheint die Zukunft als prinzipiell unsicher, wobei allerdings schon feststeht, dass die Zukunft sich in gewünschten und ungewünschten Umweltzuständen darstellen kann. Nur welche davon eintreten, ist jetzt – zum Entscheidungszeitpunkt – „unwissbar" (vgl. Luhmann, 2003, S. 25).

Entscheiden unter Unsicherheit bedeutet daher, dass der Entscheider die Konsequenzen seiner Entscheidungen und Handlungen nicht in vollkommener Kontrolle hat. Er entwickelt zwar Vorstellungen und Szenarien über mögliche Ergebniszustände, es ist ihm jedoch zum Zeitpunkt der Entscheidung nicht bekannt, welcher dieser Zustände eintreten wird (vgl. Wiese, 2002, S. 1f.). Wiese differenziert aus der Logik der rational orientierten Entscheidungstheorie in Folge zwei Formen der Unsicherheit – das Risiko und die Ungewissheit. Dazu lässt sich eine gefühlte Unsicherheit (psy) ergänzen.

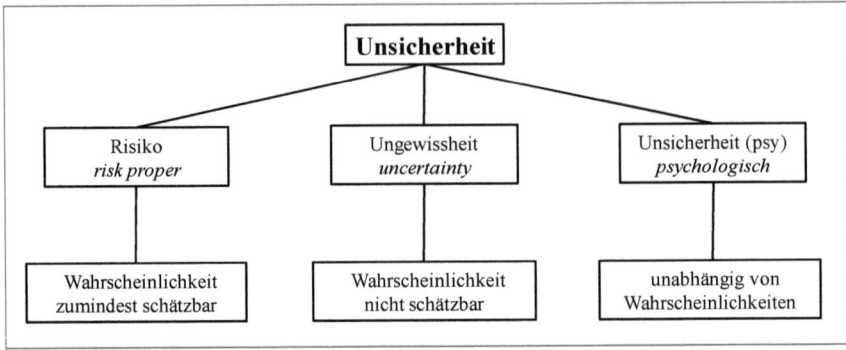

Abb. 1 Differenzierung von Unsicherheit – angeregt von und erweitert nach Wiese, 2002, S. 2.

2.2.7.1. Risiko

Bei der Risikoschätzung gibt der Entscheider eine Wahrscheinlichkeitsberechnung oder -schätzung für die möglichen Ergebniszustände ab, eine Eintrittswahrscheinlichkeit. Hier folgt Wiese (2002) Frank Knight, der im Jahr 1927 erstmals aus dem damals allgemeinen Risikobegriff die beiden Bedeutungen *Risk (proper)* und *Uncertainty* trennt (vgl. Knight, 2006, S. 19ff.). Mit der Idee eines *Risk proper*, bei dem die *Unsicherheit quantifizierbar* ist, ermöglicht Knight die moderne Versicherungsmathematik, die im Prinzip auf folgender einfachen Formel beruht:

Risiko = Eintrittswahrscheinlichkeit x Schadenshöhe

Abb. 2 Knight'sches Risiko, vgl. Knight, 2006.

Diese Berechnungsmethode wird in Folge auch als *Knigth'sches Risiko* bzw. als *Knight'scher Berechnungsmodus* bezeichnet. Der Autor folgt in dieser Arbeit dieser einfachen Definition, möchte jedoch vorab auf weitere wesentliche Aspekte von Risiko und Einschränkungen des Knight'schen Risikokonzeptes hinweisen.

Einen ganz anderen Zugang mit zusätzlich erhellenden Facetten wählt Luhmann (2003). Er verweist zuerst einmal auf die unklare Herkunft des Begriffes Risiko – und sein spätes Erscheinen. Erst in mittelalterlichen Urkunden taucht das Wort erstmals auf. Vor allem im Zusammenhang damit, wer einen Schaden im Falle des Eintretens zu tragen habe (vgl. ebd., S. 18). Das Problem des Risikos liege darin, dass „manche Vorteile nur zu erreichen sind, wenn man etwas aufs Spiel setzt" (ebd., S. 19). Der Risikobegriff bietet somit ein Korrektiv für die historisch immer stärker werdende Vorstellung von der Gestaltbarkeit der Verhältnisse, der Herstellbarkeit der Zukunft aus dem Wissen heraus. Risiko und Wahrscheinlichkeit scheinen eine Erklärung und auch eine Art von Garantie dafür zu anzubieten, dass man alles richtig gemacht haben kann, auch wenn es schief gegangen ist. Dadurch findet eine Immunisierung des Entscheidens gegen Misserfolg statt, wenn man nur Fehler im Entscheidungsprozess tunlichst vermeidet (vgl. ebd., S. 21). Dieses Konzept von Risiko hat massive Auswirkungen auf den Handlungsspielraum. Bis zur Konstruktion dieser Art von Risiko lautete die Maxime des Handelns und Entscheidens in erster Linie, größere Schäden zu vermeiden. Mit dem neuen Risikobegriff wird es möglich, auch riskante Entscheidungen zu treffen, wenn nur die Berechnung des Risikos nach dem Knight'schen Berechnungsmodus die Entscheidung als vertretbar erscheinen lässt (vgl. ebd., S. 22).

Es gehe weniger um die Kosten, sondern eher „um eine Entscheidung, die man, *wie man voraussehen kann*, nachträglich bereuen wird, wenn ein Schadensfall eintritt, den vermeiden zu können man gehofft hatte" (Luhmann, 2003, S. 19). In weiterer Folge konstruiert Luhmann (2003) eine systemisch-konstruktivistische Sicht von Risiko, indem er auf die Rolle des Subjekts als „Schöpfer" des Sachverhalts Risiko verweist. Die Außenwelt kenne keine Risiken, denn sie kenne keine Unterscheidungen oder Erwartungen oder gar Einschätzungen und Wahrscheinlichkeiten – *es sei denn als Eigenleistung beobachtender Systeme in der Umwelt anderer Systeme"* (ebd., S. 15).

Das Knight'sche Risiko setzt lange Datenreihen und bestimmte Qualitäten der beobachteten und in den Daten abgebildeten Ereignisse voraus. Diese Risikoberechnung leistet in Umwelten mit klar begrenzten Ereignismöglichkeiten exzellente Dienste: z.B. bei Würfen von Münzen oder Würfeln und auch für Lotterien mit festgelegten Gewinnchancen. Sie funktioniert auch in manchen sozialen Bereichen bei der zu erwartenden Körpergröße von Schülern in Schulklassen und auch bei Lebensversicherungen mit Prognosen von Todeswahrscheinlichkeiten: Es wird aller Wahrscheinlichkeit nach keinen Schüler mit drei Metern Körpergröße geben und es wird auch kein Versicherter im Rahmen der aktuellen medizinischen Möglichkeiten 175 Jahre alt werden.

Nassim Taleb (2010) weist darauf hin, dass viele Umwelten, auf die diese Risikoberechnung mithilfe der Wahrscheinlichkeitsberechnung angewendet wird, die Voraussetzung der begrenzten Ereignismöglichkeiten nicht erfüllen. Schwierig sei das vor allem dann, wenn lange Datenreihen zu suggerieren scheinen, dass es begrenzte Ereignismöglichkeiten gibt. Statistische Wahrscheinlichkeitsberechnung sei eine große Versuchung und Gefahr zugleich, wenn sie auf diese nicht passenden Ereignisfelder angewendet wird. Zur Illustration verwendet Taleb u.a. Bertrand Russells Fallbeispiel zum Thema Induktion und erfahrungsbasiertes Lernen: „Der Mann, der das Huhn täglich gefüttert hat, dreht ihm zu guter Letzt den Hals um und beweist damit, dass es für das Huhn nützlicher gewesen wäre, wenn es sich etwas subtilere Meinungen über die Gleichförmigkeit der Natur gemacht hätte" (Russell, 1967, S. 56). Die lange positive Datenreihe des Huhns – es wird monatelang täglich vom Bauern gefüttert – wiegt das Huhn in Sicherheit und lässt das Huhn völlig das Gefühl für *denkbare andere Risiken* verlieren. Eine Knight'sche Risikoberechnung ist aufgrund der vorliegenden Datenreihe für das Huhn wohl möglich – aber bis zum letzten Tag liegt das Todesrisiko bei Null. Das Huhn glaubt alle Informationen für die Berechnung seines Null-Risikos zu kennen – der Farmer hingegen stellt eine andere Risikoberechnung für dieses spezifische Huhn an. Eine, bei der das Todesrisiko für dieses Huhn klar bestimmt ist, da er mehr und andere Informationen zur Verfügung hat (vgl. auch Taleb, 2010, S. 339).

Daraus lassen sich zwei Dinge folgern:
1. In vielen Fällen werden die Grenzen der Anwendbarkeit der Risikoberechnung verletzt, und das systematisch.
2. In vielen Fällen ist auch eine der Voraussetzungen der Spieletheorie nicht gegeben: jene, dass die Spieler das Spiel kennen oder richtig erkennen.

Ad 1) Eine Anwendung der Wahrscheinlichkeitsberechnung sei z.B. auf viele Bereiche der Ökonomie und Finanzmärkte nicht möglich, da immer wieder völlig unvorhersehbare Ereignisse zu völlig neuen Umweltzuständen führen, schließt Taleb (2010). Ein Beispiel für noch nie dagewesene Ereignisse ist u.a. die Weigerung Russlands, seine Schulden zu bedienen und damit die Finanzkrise von 1998 auszulösen (vgl. Lowenstein, 2002, S. 139ff.). Ein weiteres gravierendes Beispiel sind die Auswirkungen der Angriffe auf das World Trade Center 09/11 auf die internationalen Börsen. Man müsse immer auch die

schlimmsten denkbaren Möglichkeiten als Szenarien mitdenken. Nur dann sei der Entscheider vor negativen Über-
raschungen und verborgenen Risiken weitgehend gefeit (vgl.
Taleb, 2010).

Diese Nichtanwendbarkeit auf alltägliche Entscheidungen lässt
sich auch an einem eigenen Erfahrungsbeispiel des Autors gut
darstellen. Im Jahr 1990 war er bei einem Markt-
forschungsunternehmen mit Forschungsschwerpunkt im
Mittleren Osten tätig. Am Tag nach dem Einmarsch der
irakischen Truppen im Kuweit wurde sein Arbeitsvertrag
gekündigt. Dieses Risiko war aus den Erfahrungen der davor-
liegenden Jahre nicht errechenbar.

Ad 2) Die Nichterfüllung der Voraussetzungen der Spieltheorie:
Das reale Leben und Wirtschaftsleben besteht aus vielen
Situationen, in denen der Entscheider nicht nur einen Mangel
an Informationen hat, die er brauchen würde um innerhalb des
Spiels, in dem er sich befindet, seine Entscheidung bestmöglich
zu treffen. Es liegt auch immer wieder der Fall vor, dass der
Spieler/Entscheider nicht einmal die notwendigen Informationen
hat, um erkennen zu können, welches Spiel denn jetzt gerade
gespielt werden sollte. Er ist damit nicht in der Lage rational zu
entscheiden, da er in einem anderen Bezugsrahmen versucht
rational zu entscheiden – im aktuell vorliegenden daher nur
irrational entscheiden kann.

Als Beispiel hierfür können die ersten Verhandlungsrunden
Großbritanniens und Frankreichs mit Hitler-Deutschland dienen.
Dabei „übersahen" die Großmächte den fundamentalen
Hegemonieanspruch Hitler-Deutschlands und versuchten mit
Konzessionen und Zugeständnissen ihrem Gesprächspartner
entgegenzukommen und einen Krieg zu vermeiden. Die

Industrie Hitler-Deutschlands war zu diesem Zeitpunkt jedoch schon weitgehend auf Produktion von Kriegsgütern umgestellt und musste somit, der darin immanenten Rationalität folgend, Krieg führen (vgl. Taleb, 2010).

2.2.7.2. Ungewissheit

Zum Thema Ungewissheit gibt es deutlich weniger Beiträge. Eisenführ et al. (2010) schließen sich der Knight'schen Definition an – Ungewissheit ist, wenn sich keine Wahrscheinlichkeiten berechnen oder schätzen lassen. Anhand eines hochgradig konstruierten Beispiels mit Sesselexport an die Südseeinsel Balla-Balla mit 1000 Einwohnern versuchen die Autoren darzulegen, dass sich immer irgendwelche Wahrscheinlichkeiten schätzen lassen und daher das Konzept der Ungewissheit für betriebswirtschaftliche Fragen nicht relevant sei (vgl. ebd., S. 305). Wie sinnvoll und hilfreich in der Realität derart konstruierte Wahrscheinlichkeiten sind, bleibt offen.

Jungerman et al. (2010) bezeichnen diese Form der Ungewissheit als „Unwissenheit". Der einfacheren Verständlichkeit halber wird hier im Text weiterhin von Ungewissheit gesprochen. Die Autoren gehen über das rein Faktische hinaus: Ja es möge zwar kaum Fälle geben, in denen sich keine Wahrscheinlichkeiten schätzen lassen. Es lasse sich jedoch psychologisch beobachten, „dass es Fälle gibt, in denen Menschen sich nicht in der Lage sehen, ein Wahrscheinlichkeitsurteil über entscheidungsrelevante Ereignisse abzugeben" (ebd., S. 254). Für diese Formen der Ungewissheit stünden einige klassische Entscheidungsregeln zur Verfügung, z.B. die sogenannte „Maximin-Regel", die im ungünstigsten Fall noch das beste Ergebnis liefert.

Luhmann (2003) geht noch grundsätzlicher an die Frage der Ungewissheit heran: Es könnte ja sein, dass die Zukunft nicht nur deshalb ungewiss ist, weil sie von vielen bekannten und unbekannten Faktoren abhängt, sondern auch deshalb, weil sie zirkulär mit dem Entscheidungsvorgang selbst verknüpft ist. Die Zukunft ist ungewiss und hängt auch davon ab, wie jetzt, in der Gegenwart entschieden wird (vgl. ebd., S. 84).

2.2.7.3. Unsicherheit (psy)

Die psychologische Komponente der Unsicherheit ist nach Jungermann et al. (2010) eine *interne*. Die externe Unsicherheit – es ist nicht vorhersehbar, was passieren wird – ist bereits als Ungewissheit (siehe 2.2.7.2) dargestellt.

Bei *interner Unsicherheit* differenzieren die Autoren weiter nach *direkter Unsicherheit*, einem Gefühl, das sich unmittelbar zeigt, das nicht weiter auflösbar ist. Nur durch intensive Introspektion lässt sich mehr darüber herausfinden. Andererseits kann die Unsicherheit auch aus Gründen abgeleitet, inferiert sein (vgl. ebd., S. 145ff.).

Darüber hinaus erleben Menschen psychologische Unsicherheit aus weiteren Gründen und in vielfältiger Form: Da ist zuerst die *Unkontrollierbarkeit*, weiters die fehlende Schlüssigkeit, die mangelnde *Plausibilität,* die Unsicherheit auslösen kann. Es kann aber auch Unsicherheit bezüglich der eigenen Bewertungen von vergangenen Ergebnissen oder auch von zukünftigen Umweltzuständen vorliegen. Und noch weiter gefasst: Es kann auch passieren, dass wir gar nicht so recht wissen, was wir wollen – Unsicherheit über die eigenen Werte und Ziele (vgl. ebd., S. 146).

Einen weiteren Aspekt bringt Dörner (2000) ein. In bestimmten Fällen gibt es eine positive Rückkoppelung zwischen der verfügbaren Information und der Unsicherheit. „Wenn man von einer Sache überhaupt noch nichts weiß, dann kann man sich ein einfaches Bild von dieser Sache machen und damit operieren" (edb., S. 145). Je mehr man dann allerdings zu wissen beginnt, je mehr man sich in ein Thema vertieft, desto stärker wächst das Wissen um das eigene Nichtwissen und damit die Unsicherheit. Die Unauflösbarkeit und Undurchschaubarkeit von komplexen und rückkoppelnden Wechselwirkungen führt zur Auflösung von vorgefassten und damit „sicheren" Meinungen und führt so zu wachsender Unsicherheit. Dörner führt u.a. viele nicht vollendete Diplomarbeiten auf diese Form der Unsicherheit zurück (vgl. ebd., S. 145).

Zusammenfassend lässt sich also sagen, dass Unsicherheit ein weites Feld ist: Bekannte und unbekannte Wahrscheinlichkeiten und auch Risiken, Unsicherheit über notwendige Inputs und deren Auswirkungen, komplexe, zeitlich nicht überschaubare und womöglich (unbekannt) interdependente und wechselwirkende Zusammenhänge und auch Unsicherheit über das eigene Wollen und die eigenen Präferenzen.

2.2.8. Druck

Der Themenkreis Druck bei Entscheidungen wird in der präskriptiven Entscheidungslehre erstaunlicherweise kaum und in den Standardwerken zur deskriptiven Entscheidungslehre nur wenig behandelt. Das erfordert einen Wechsel in der Literaturrecherche – weg vom wissenschaftlich fundierten Lehrbuch hin zu einer mehr narrativen und beschreibenden Fachliteratur.

Charles Perrow (1992) analysiert z.B. auf rund 400 Seiten Katastrophen der Großtechnik (Kerntechnik, Petrochemie, Schifffahrt, Flugverkehr etc.) in der zweiten Hälfte des 20. Jhd. Dort wo reale Entscheidungen von realen Entscheidern in realen Situationen zu echten Katastrophen oder Beinahe-Katastrophen geführt haben, ortet Perrow neben der Komplexität und damit Unüberschaubarkeit der Großtechnik immer wieder auch systematischen *ökonomischen Druck*: Chemiefabriken explodieren, weil die Manager beim Bau und Betrieb einem massiven Kostendruck ausgesetzt sind und Frachtschiffe stranden, weil die Kapitäne versuchen, mit defekten Maschinen in schwerer See termintreu im Zielhafen einzutreffen, um Pönalen zu vermeiden. Technische Verbesserungen, die zu mehr Sicherheit führen könnten, werden oft dafür genützt, um Geschwindigkeiten zu erhöhen (und so den Profit zu maximieren) – was dazu führt, dass diese höheren Geschwindigkeiten den Druck und somit die Gefahr einer Katastrophe erhöhen (vgl. ebd., S.141ff. und 215ff.).

Beispielgebend sind nach wie vor die Experimente von Asch (1955) zum Thema *Gruppen- oder Konformitätsdruck*. Dabei wurden einzelne Testpersonen einer schwierigen Wahl ausgesetzt: Ihren eigenen Wahrnehmungen in Bezug auf die Länge einer Linie zu vertrauen oder der geschlossenen Meinung einer Mehrheit von 6-8 anderen Testpersonen. Die Ergebnisse von Asch's Studie zeigen die Verführbarkeit durch Konformitätsdruck: Nur rund ein Viertel der Versuchspersonen vertraute durchgängig der eigenen Sinneswahrnehmung, bis zu drei Viertel folgten mehr oder weniger stark dem herrschenden Meinungsbild (vgl. ebd. S.31ff.).

Das Thema Zeitdruck wird von Hofinger (2007) und noch intensiver von Klein (2003) behandelt. Hofinger definiert

Zeitdruck als bestimmenden Faktor von Situationen mit hoher Eigendynamik, d.h. die Situationen entwickeln sich mit oder ohne Zutun der Entscheider weiter und verändern sich. Noch während nach einer Lösung gesucht wird, hat sich das Problem schon wieder verändert (ebd., S. 116).

Bei seinen Studien zum *Natural Decision Making* (NDM) erforschte Klein u.a. das Entscheidungsverhalten von Einsatzleitern der Feuerwehr. Das sind durchwegs Situationen mit hoher Eigendynamik. Klein berichtet, dass sich die Situation am Einsatzort im Durchschnitt fünf Mal im Laufe eines Einsatzes ändert. Das kann bedeuten, dass alte Informationen wertlos sind, dass ständig neue Informationen eintreffen und dass sich die Ziele mehrfach verändern. Klein bringt zwei Beispiele, eines mit gewünschtem und eines mit ungewünschtem Ausgang, um die Schwierigkeiten von Entscheidungen unter Zeitdruck zu verdeutlichen.

- Im Golfkrieg 1988 wurde ein ziviler Airbus der Iran Air vom amerikanischen Kreuzer Vincennes abgeschossen. Die Entscheidung musste innerhalb von 3 Minuten und 9 Sekunden aus Daten von mehreren hochtechnisierten Radars, fehlenden Funkkennzeichnungen, einer direkt über die Vincennes verlaufenden Flugroute und Dutzenden anderen entweder fehlenden, mangelhaften oder widersprüchlichen Informationen getroffen werden. Das Ergebnis: 290 tote Zivilisten (vgl. Klein, 2003,104f.).
- Im Ersten Golfkrieg erfasste das Radar der britischen HMS Gloucester ein fliegendes Objekt mit Richtung auf den US-Flugzeugträger Missouri. Dem Luftabwehroffizier blieben genau 90 Sekunden, um zu entschieden, ob das unidentifizierbare Flugobjekt eine feindliche Silkworm-Rakete oder ein heimkehrender A-6 Bomber der U.S. Navy war. Er gab Feuerbefehl, ohne über klare

und eindeutige Informationen zu verfügen. Das Ergebnis: Abschuss einer zielgerichteten feindlichen Rakete, die ein enormes Schadenspotential mit sich trug (vgl. Klein, 2003, S.56ff.).

Das Thema Druck scheint vor diesem Hintergrund ein Themenfeld, das immer wieder auch auf wichtige Entscheidungen Einfluss nimmt. Im Prinzip ist damit ein Satz von unterschiedlichen druckmachenden Faktoren erstellt: ökonomischer oder Profitdruck, Gruppen- oder Konformitätsdruck, Zeitdruck. Weitere Formen von Druck wie Überforderung und subjektiver Erwartungsdruck an die eigene Leistung sind denkbar. All diese Varianten von Druck können Einfluss auf die Entscheidung nehmen. Zum Beispiel, dass bei rationalem Entscheiden „vernünftigere" Handlungen nicht gesetzt werden und bei intuitiven Entscheidungen den ursprünglichen Impulsen – wider besserer Intuition – nicht gefolgt wird.

2.3. Entscheidungswege

2.3.1. Übersicht und Auswahl

Das Feld der Entscheidungslehren und -theorien ist dicht besetzt, heftig umfehdet und wird stetig weiterentwickelt. Allein eine Darstellung der aktuellen Entscheidungstheorien und Zugänge würde den Rahmen dieser Arbeit sprengen. Eine Auswahl aus der Fülle der Theorien ist daher für eine thematische Eingrenzung und eine Fokussierung auf die Forschungsfragestellungen unerlässlich.

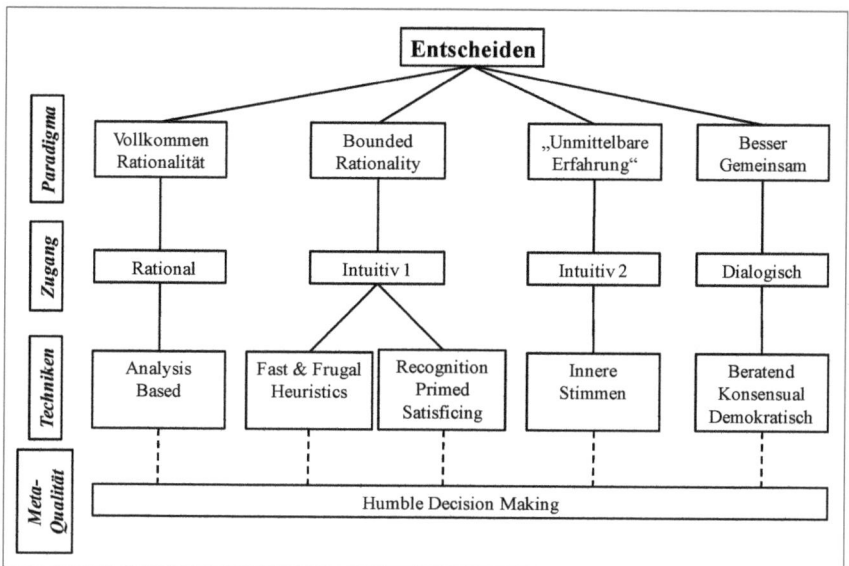

Abb. 3 Entscheiden – Übersicht der untersuchten Bereiche, angeregt von und erweitert nach Gigerenzer & Todd, 1999, S. 7.

Die hier getroffene Auswahl steht in direkter Abhängigkeit von der untersuchten Forschungsfrage: Wie entscheiden Entscheider im Top-Management im Vergleich zu Entscheidern im Hoch-Risiko? Für beide Bereiche stehen somit ein paar ausgewählte Entscheidungszugänge und -methoden zur Verfügung, denen das von den Respondenten beschriebene Entscheidungsverhalten zugeordnet werden kann.

2.3.2. Rationales Entscheiden

2.3.2.1. Rationalität

„rational (von lat. ratio, Vernunft). 1. vernünftig, verstandesgemäß, Gegensatz zu irrational. 2. Was in der Vernunft, nicht in der Erfahrung gründet, […]" (Hügli & Lübcke, 2000, S. 325), führt das Philosophielexikon aus, um in Folge darauf hinzuweisen, dass ab dem 18. Jhd. der Begriff rational insbesondere auch verwendet wurde, um von den empirisch, also aus den Sinneserfahrungen gewonnenen Erfahrungen deutlich zu unterscheiden.

2.3.2.2. Was ist rationales Entscheiden?

Rationales Entscheiden wird in der normativ oder auch präskriptiv genannten Entscheidungstheorie behandelt. Dabei wird aufgrund der Prämissen der Entscheider anhand von Entscheidungsregeln und Normen „gewissermaßen die ‚theoretisch richtige' Entscheidung gesucht" (Dörsam, 2007, S. 7). Ein fundamentales Paradigma der rationalen Entscheidungstheorie ist die vorwiegende bis ausschließliche Fokussierung auf Nutzenrationalität.

Ein unauflösbarer Widerspruch für die rationale Entscheidungstheorie liegt darin, dass die Auswahl der Entscheidungsregel das Ergebnis bestimmt und somit die Theorie das „theoretisch Richtige" vorgibt. Unterschiedliche rationale Entscheidungsverfahren (z.B. Hurwicz, Savage-Niehans, Laplace, Maximin etc.) ergeben somit unterschiedliche Lösungen für ein und dieselbe Fragestellung (vgl. Dörsam, 2007, S. 39).

Wann ist eine Entscheidung also rational? Das sei schwierig zu beantworten, meinen Eisenführ et al. (2010), da der Begriff Rationalität nicht eindeutig definiert und definierbar sei. Erfolg und Misserfolg seien jedoch keinesfalls Hinweise auf ein rationales, vernünftiges oder irrationales Entscheiden (ebd., S. 4).

Bei rationalen Entscheidungen geht es nach Eisenführ et al. (2010) darum, möglichst rational im Sinne von klaren Entscheidungsprozessen und konsistenten Entscheidungsgrundlagen zu sein. Entscheidungsprozesse seien dann als rational zu bezeichnen, wenn sie das richtige Problem angehen, Zielklarheit herrsche, viel Aufwand in die Informationsbeschaffung und –auswertung investiert werde und bei den Szenarien relevante objektive Daten verwendet würden. Widersprüchliche Prämissen seien tunlichst zu meiden. Ein weiteres Merkmal von rationalen Entscheidungsprozessen sei die Dekomposition, eine Form der Komplexitätsreduktion durch Zerlegen des Gesamten in einzelne Komponenten. Dies alles finde aber vor dem Hintergrund der Subjektivität statt. Also auch wenn zwei Personen zur gleichen Frage die gleichen Entscheidungsverfahren anwenden, könne es aufgrund von individuell unterschiedlichen Einschätzungen zu unterschied-lichen Entscheidungen kommen (vgl. ebd., S. 4-14).

Als die wesentlichen Charakteristika der klassischen rationalen Entscheidungslehre (im Englischen als CDM abgekürzt für *Classical Decision Making*) nennen March & Heath (1994) vier Kriterien: 1) *Die Frage der Alternativen* – welche Alternativen sind möglich, 2) *Erwartungen* – welches Ergebnis wird für welche Alternative erwartet, 3) *Präferenzen* – die quantitative Prognosen ermöglichen, welchen Nutzen die Alternativen für den Entscheider haben, und 4) *Regeln* – wie wird eine Entscheidung zwischen den Alternativen getroffen (vgl. ebd., S. 2). Lipshitz, Klein, Orasanu & Salas (2001) ergänzen, dass rationales Entscheiden ein *bewusster und analytischer Prozess* mit umfassender Informationsverarbeitung sei, der einem gewissen *Formalismus folge,* also der Entwicklung von abstrakten und kontextunabhängigen Modellen, die quantitative Prognosen ermöglichen (vgl. ebd., S. 333).

Dass die rationalen Zugänge zu Entscheidungen an Grenzen stoßen, haben Kahneman, Slovic & Tversky (2001) mit

Heuristics and Biases und Kahneman (2011) mit der *Prospect-Theory* ausgiebig dargestellt. Kahneman et al. (2001) ist es wiederholt gelungen experimentell zu zeigen, dass Menschen unter bestimmten Bedingungen intuitiv auf einfache mentale Heuristiken zugreifen und nicht, wie von der klassischen Entscheidungstheorie angenommen, Wahrscheinlichkeiten mittels komplexer Algorithmen berechnen. Aus Sicht der klassischen Entscheidungstheorie *irren* die Entscheider also *systematisch*, wenn sie ihre einfachen Heuristiken anwenden. Sie irren, weil ihr Verhalten zwei in CDM vorausgesetzte Grundannahmen verletzt: Es werden keine *umfassenden Analysen* durchgeführt und sie verzichten auf *abstrakte Formalismen* (z.B. wenden sie bei Wahrscheinlichkeits-schätzungen nicht das Bayes'sche Theorem an und berücksichtigen daher die sogenannte *Base Rate* nicht).

In der *Prospect-Theory* fasst Kahneman (u.a. 2001) seine Experimente zu *Biases* zusammen, die sich aus den Kontextbedingungen ergeben. Als Beispiel: Testpersonen geben dem Gewinn oder Verlust von $100 je nach Kontext in spekulativen Experimenten (d.h. sie verlieren oder gewinnen in der Realität nichts, sie denken nur darüber nach, wie es wäre, wenn...) eine andere Bedeutung. Wenn sie über den Gewinn von $100 spekulieren, so macht es laut den Experimenten von Tversky und Kahneman einen Unterschied, ob ihre finanzielle Ausgangslage bei $100 oder $5.000 liegt. Der absolute Gewinn/Verlust ($100) ist jeweils gleich – und daher sollten die Menschen laut CDM auch gleich entscheiden. De facto variiert die Risikobereitschaft jedoch in Abhängigkeit vom finanziellem Ausgangspunkt. Kahneman und Tversky nennen das einen *Bias*, eine Verzerrung, da sich die Menschen im Experiment nicht so wie von der CDM vorhergesagt, also kontextunabhängig und auschließlich an der Maximierung des Outputs orientieren.

Kritik an dieser Kritik [sic!] der Rationalität wird von Howard Gardner (1989) und dem Philosophen Jonathan Cohen (1981) formuliert. Es gehe weniger darum, in für das Alltagsverständnis wenig sinnvollen Experimenten Schwächen der reinen probabilistischen und logisch-deduktiven Ratio zu finden, sondern eher darum, eine Theorie der Kompetenz zu formulieren, welche die situative Angemessenheit – „right or wrong, deductability and nondeductability, probability and nonprobability" (Cohen, 1981, S. 321) – von Entscheidungen berücksichtige. Menschen entschieden eben nicht nur nach der formalen syllogistischen Rationalität oder auch der *Bounded Rationality*, vielmehr gäbe es auch so etwas wie eine *soziale und kulturelle Rationalität*, in die unter anderem die Wahl des Kontextes falle: Wie sehe ich das, was da gerade passiert? Welche soziale Interaktion wird hier von mir erwartet? Nach dieser sozialen Rationalität richten wir uns häufig bei unseren Entscheidungen im Leben, auch wenn uns das nicht sonderlich bewusst ist – und so „scheitern" Probanden an Experimenten, die rein syllogistische Rationalität erfordern würden (vgl. Perrow, 1992, S. 371f.).

All diesen Vorhaltungen zum Trotz gibt es reale Beispiele aus Extremsituation in denen rationales, deduktives Herleiten – wider die ersten intuitiven Impulse – die bessere Lösung darstellt. Jonah Lehrer (2009) führt den Beinahe-Absturz des Fluges 232 an, bei dem der Pilot nach logischem Denken in einer äußerst kritischen Situation unter hohem Zeitdruck wider dem intuitiven Impuls die Geschwindigkeit des Flugzeuges drosselte – und so den Absturz verhindern konnte (ebd., 168f., für weitere Beispiele auch ebd., 124ff.).

Zusammenfassend: Im Wesentlichen handelt es sich bei rationalen Entscheidungsverfahren um *Top-Down Approaches*. Es werden in der Forschung und Lehre anhand von meist einfachen und kontrollierbaren Settings immer komplexere Modelle und Hypothesen getestet, die dann mit klingenden Namen versehen am wissenschaftlichen und ökonomischen Markt um Aufmerksamkeit konkurrieren. Mit einfachen bis durchaus listigen Experimenten lässt sich zeigen, dass Menschen häufig „anders" entscheiden, als nach rein rationalem Vorgehen. Was jedoch keineswegs bedeuten muss, dass sie in realen Situation nicht adäquat und angemessen handeln, und die richtigen rational gestützten Schlüsse ziehen (können).

2.3.2.3. Rationale Entscheidungsverfahren

Die verschiedenen rationalen Entscheidungsverfahren füllen ganze Lehrbücher. Es können in diesem Kontext nur wenige aber grundlegende Verfahren dargestellt werden.

Benjamin Franklins *„Prudential Algebra"* – also seine „vernünftige Berechnung" ist ein Basisverfahren, die auch unter dem Namen „Entscheidungsmatrix" oder „Bewertungsmatrix" Anwendung findet. In der Harvard Business Review (2001, S. 42f.) findet sich ein Brief Franklins aus dem Jahr 1772, in dem er seine *Prudential Algebra* seinem Neffen John Priestley beschreibt. Im Prinzip „gibt man für jede Handlung alle Konsequenzen an, gewichte sie sorgfältig nach ihrer Bedeutung, und addiere die Zahlenwerte; dann wähle diejenige, die den höchsten Wert oder den größten Nutzen aufweist" (Gigerenzer, 2008, S. 27). Das ist ein rationales Bewertungsverfahren zur Berechnung der *Maximierung des* *erwarteten Nutzens,* das völlig ohne Wahrscheinlichkeiten auskommt. Es zählt nur der potentielle maximale Nutzen.

Ein weiteres Beispiel eines einfachen rationalen Entscheidungsverfahrens ist der Entscheidungsbaum mit Wahrscheinlichkeiten. Hammond, Keeney, Raiffa (1999) beschreiben das Beispiel eines Mannes mit Altersstar, der vor der Entscheidung steht, diesen operieren zu lassen. Der Arzt rät zur Operation am betroffenen Auge und weist auf eine 90 % Chance der Verbesserung hin, bei einem Risiko von 10 %, dass nach der Operation die Sicht deutlich schlechter sei als vorher (vgl. ebd., S. 132). Entscheidungsbäume werden häufig graphisch umgesetzt. Auf Gefahren und Rechenfehler bei der Schätzung von kumulierten prozentuellen Wahrscheinlichkeiten verweist Gigerenzer (2004) im Gegensatz zu wesentlich besser vorstellbaren natürlichen Häufigkeiten (vgl. ebd., S. 176f.).

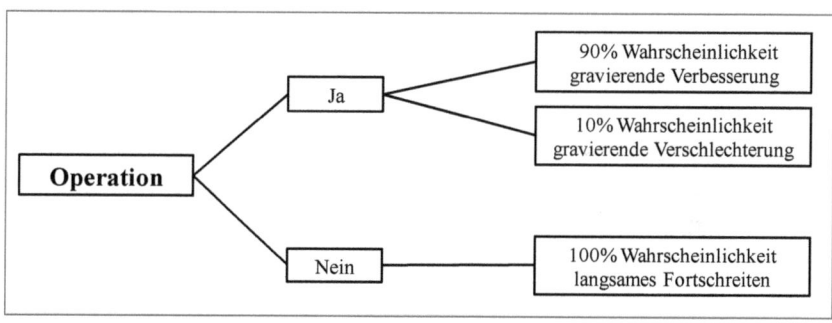

Abb. 4 Beispiel eines rationalen Entscheidungsbaumes mit Knight'schem Risiko, adaptiert nach Hammond et al., 2002, S. 132.

Beim Entscheidungsbaum mit Wahrscheinlichkeiten repräsentiert jeder „Ast" entweder eine Entscheidung, die getroffen werden muss, oder ein natürliches Ereignis, das nicht mit Sicherheit vorhergesagt werden kann (vgl. March & Heath, 1994, S. 6).

2.3.3. Intuitives Entscheiden

2.3.3.1. Intuition

„Intuition (von lat. *intuitio* oder *intuitius*) Anblick, Anschauung, [...] unmittelbare Erfassung von Gegebenheiten und Sachverhalten" (Hügli & Lübcke, 2000, S. 325), so definiert das philosophische Wörterbuch. Hügli et al. sehen drei wesentliche Aspekte der Intuition: den Gegensatz zur diskursiven, logisch-schlussfolgernden Erkenntnis, das eigentümliche Fehlen eines Abstandes zwischen Erkenntnis und Erkanntem und dass der Intuition ein besonderes Maß an Sicherheit zugesprochen wird.

Wittgenstein weist präzise auf eine der Gefahren dieser scheinbaren Sicherheit der Intuition hin: „Wenn sie [die Intuition] eine innere Stimme ist, wie weiß ich, *wie* ich ihr folgen soll? Und wie weiß ich, dass sie mich nicht irreleitet? Denn, kann sie mich richtig leiten, dann kann sie mich auch irreleiten" (Wittgenstein, 1953, PU §213).

Beim Begriff Intuition herrscht im Bereich der Entscheidung erstaunliche Defintionsscheu und Definitionsvielfalt zugleich. In den Standardwerken zum Thema Entscheiden von Jungerman et al. (2010), sowie Eisenführ et al. (2010) wird der Begriff Intuition im Schlagwortverzeichnis nicht aufgelistet. Wenn er im Text verwendet wird, dann nur in Anführungszeichen. Andererseits kennen wir alle Aussagen wie „Das habe ich aus dem Bauch heraus entschieden" oder „Das habe ich intuitiv entschieden". Intuitives Entscheiden scheint es also, wenn man dem allgemeinen Sprachgebrauch folgt, doch zu geben.

Bei einer vertieften Recherche nach dem Begriff Intuition tritt eine ungeahnte Fülle und Vielfalt von ganz unterschiedlichen Intuitions-Konzepten zutage. Hänsel (2002) hat den Begriff der

Intuition für sieben Fachgebiete systematisch recherchiert und analysiert. Relevant erscheinen aus diesen Fachgebieten in dem hier untersuchten Kontext vor allem die Bedeutungen aus der Philosophie, der Psychologie und der kognitiven Neurowissenschaften.

Hänsel sieht u.a. folgende Aspekte als Wesensmerkmale von intuitiven Prozessen:

1. Das „schlagartige, ganzheitliche Erfassen der Wirklichkeit" (Hänsel, Zeuch & Schweitzer, 2002, S. 33).
2. Ein „Bewerten von Entscheidungsalternativen, ohne, dass dafür Fakten oder klare Gründe angegeben werden können. Die Bewertung erfolgt oft in Form eines Gefühls, eines Drängens, eines Unwohlseins." (ebd., S. 34)
3. „Das unmittelbare und oft unvermittelte Auftauchen von intuitiven Informationen [deutet] auf einen unbewussten Prozess der Informationsverarbeitung hin." (ebd., S. 36)
4. Die Wahrnehmung von „Gestalt" in einem nicht-summativen Verständnis. Die Wahrnehmung einer solchen Gestalt sei eine Form der *„Mustererkennung"* (vgl. ebd., S. 43).

Hänsel et al. (2002) definieren als Funktionen intuitiver Kompetenz u.a. den Umgang mit Komplexität, Kreativität, Sinn für Wesentliches und Zukunftsgestaltung (ebd., S. 42). Personen mit intuitiver Kompetenz scheinen damit besser gerüstet für komplexe Aufgabestellungen.

2.3.3.2. Intuition (1) – empirisch

Intuition (1) fußt nach Pöppel (2008) in implizitem Wissen, sodass wir erfolgreich handeln können, aber während des Handelns gar nicht explizit wissen, wie wir etwas tun oder warum wir etwas tun (vgl. ebd., S. 92). Beliebte Beispiele hierfür sind automatisierte Tätigkeiten wie z.B. Sport und Autofahren, bei denen der Handelnde oft die Sequenzen seines Tuns nicht bewusst wiedergeben kann. Dieses implizite Wissen bezieht sich auf unsere Intuition. Es wäre nach Pöppel falsch zu meinen, dass unser Denken vor allem auf der bewussten, der expliziten Ebene abläuft. „'Es denkt' ununterbrochen in uns, [...]. Wenn einem etwas einfällt, dann ist das das Ergebnis eines intuitiven und impliziten Denkprozesses" (vgl. ebd., S. 92).

Bolte & Goschke (2005) liefern eine sehr präzise Definition der empirischen Intuition (1):

> „We conceive of intuition as the ability to make above-chance judgments about properties of a stimulus on the basis of information that is activated in memory but not consciously retrieved. Intuition is thus not some special or even mysterious capacity, but is rather based on preexisting knowledge that may guide decisions and judgments without being accessible to conscious awareness." (ebd., S. 1248)

Gigerenzer (2008) verwendet die Begriffe Bauchgefühl, Intuition und Ahnung austauschbar, um ein Urteil zu bezeichnen, das 1) rasch im Bewusstsein auftaucht, 2) dessen tiefere Gründe uns nicht vollständig bewusst sind und 3) das ausreichend stark ist für einen Handlungsimpuls. Intuitionen bestehen laut Gigerenzer aus zwei Elementen, nämlich einfachen Faustregeln, die sich evolvierte Fähigkeiten des Gehirns zunutze machen. Mit dem Begriff „evolviert" bezeichnet er Möglichkeiten, die dann durch längere Übung zu einer Fähigkeit werden (vgl. ebd., S. 25ff.).

Das Gemeinsame all dieser Definitionen und Beschreibungen von Intuition (1) ist, dass die Denkprozesse meist unbewusst bleiben, auf nicht-explizites Wissen zugreifen und durch Übung und Erfahrungen, also unbewusste Empirie geschaffen und gestärkt werden.

2.3.3.3. Was ist intuitives Entscheiden (1)?

Die Vertreter der deskriptiven Entscheidungslehre – und hier sind auch die intuitiven Entscheidungsprozesse (1) angesiedelt – definieren sich zuerst einmal über eine Kritik der Fundamente der rationalen Entscheidungstheorie. Die moderne ökonomische Theorie fuße in einem unrealistischen Bild, wobei die ökonomischen Akteure als vollkommen rationale *Bayesianische Maximierer* ihres jeweiligen subjektiven Nutzens dargestellt würden. Es sei jedoch falsch anzunehmen, dass die Menschen diesem Ideal entsprächen (vgl. Selten, 2001, S. 13).

Einer der frühen und einflussreichen Wortführer ist Herbert Simon (1979), der seine Kritik wie folgt zusammenfasst:
> "The classical theory of omniscient rationality is strikingly simple and beautiful. Moreover, it allows us to predict (correctly or not) human behavior without stirring out of our armchairs to observe what such behavior is like. All the predictive power comes from characterizing the shape of the environment in which the behavior takes place. The environment, combined with the assumptions of perfect rationality, fully determines the behaviour." (ebd., S. 498)

Die Fundamente für intuitives Entscheiden (1) liegen einerseits in diesem nicht zu erfüllenden Ideal-Bild und andererseits in ebenso unvollkommenen Rahmenbedingungen. Es sind nie alle notwendigen Informationen verfügbar und/oder recherchierbar.

Und es sind auch kaum jemals alle möglichen Optionen bekannt. Es herrschen meist Zeitdruck und Kostendruck, die das vollständige Sammeln und Analysieren aller relevanten Daten und Optionen verhindern. Zudem gibt es widersprüchliche Interessen und Ziele. Über allem droht die Unsicherheit des Einflusses von exogenen Umweltzuständen und deren meist unvorhersehbarer Entwicklung. Diese vollkommen unvollkommenen Rahmenbedingungen machen es unmöglich, die Konsequenzen aller Optionen zu errechnen. Damit hat es der Entscheider grundsätzlich mit *Bounded Rationality*, mit begrenzter Rationalität zu tun (vgl. Simon, 2008, S. 35ff.; Simon, 1979, S. 502). Ein rein rationales Vorgehen sei unter diesen Rahmenbedingungen nicht möglich, da schlicht die Voraussetzungen fehlen.

Diesen stringenten Argumenten kann sich auch Dörsam (2007) in seinen „Grundlagen der Entscheidungstheorie" nicht entziehen: „Die rationale Entscheidungstheorie unterliegt wesentlichen Einschränkungen. Die Informationslage ist bei vielen Entscheidungssituationen derart diffus, dass weder die verschiedenen Handlungsalternativen, geschweige denn die sich ergebenden Ergebnisse auszumachen sind. In derartigen Situationen wird notwendigerweise ‚aus dem Bauch heraus' entschieden" (ebd., S. 7).

Aber wie entscheidet man dann sinnvoll und möglichst erfolgreich „aus dem Bauch heraus"? In einem ersten kognitiv orientierten Ansatz gibt es laut Simon (1979) eine Art von *Adaptive Behaviour*, die es den Entscheidern ermöglicht, trotz *Bounded Rationality* in beschränkt kontrollierbaren Umwelten mit zwei Basisstrategien zu passenden Lösungen zu kommen: *Search and Satisficing*. Mit *Search* bezeichnet Simon Suchprozesse, die der Entscheider so lange unternimmt, bis er *eine Alternative* findet, die seinen Erwartungen, seinen Ansprüchen *zumindest genügt* (= der *Satisficing* Aspekt). Damit löst Simon einen weiteren Anspruch der klassisch-rationalen Entscheidungslehre auf: Es geht bei Entscheidungen unter *Bounded Reality* nicht darum, den subjektiven Nutzen zu *maximieren*, sondern eine *ausreichend gute* Alternative zu finden – als Prozess mit *Satisficing* bezeichnet (vgl. Simon, 1979, S. 500f.).

2.3.3.4. Recognition Primed Decision Making

Vor diesem theoretischen Hintergrund und gestützt auf umfangreiche Beobachtungen und Feldforschung von Expertenentscheidungen unter realen Bedingungen entwickelt sich die Schule des *Naturalistic Decision Making* (NDM). Im Gegensatz zur klassischen Entscheidungstheorie, die sich häufig an idealen Rahmenbedingungen orientiert (z.B. das rationale Verhalten aller Teilnehmer in einem Markt, die über alle Informationen verfügen, bestimmt den korrekten Preis – und diesem Preis sind laut Theorie alle Informationen eingepreist), beschäftigt sich NDM mit Entscheiden unter realen Bedingungen von hoher Komplexität. Dazu zählen insbesondere: 1) schlecht definierte Probleme, 2) Unsicherheit, Mehrdeutigkeit und fehlende Informationen, 3) sich verändernde und konkurrierende Ziele, 4) Entscheidungen, die in multiple Feedbackkreisläufe eingebettet sind, 5) Zeitbegrenzungen, 6) dass viel auf dem Spiel steht, 7) viele gleichzeitig agierende Teilnehmer, 8) die Rahmenbedingungen der Ziele und Normen der jeweiligen Organisationen und 9) insbesondere mit erfahrenen Experten als Entscheidern (vgl. Klein & Klinger, 1991, S. 17 und Klatetzki, 2006, S. 144).

Wie entscheiden laut NDM nun Experten unter diesen unsicheren und komplexen Rahmenbedingungen? Dazu liegen u.a. beobachtende und begleitende Forschungen von Klein (2003), Klein & Klinger (1991) sowie Klein, Calderwood & Clinton-Cirocco (1988) und Klein, Orasanu, Calderwood & Zsambok (1993) mit langjährig erfahrenen Einsatzleitern von amerikanischen Feuerwehren vor, sowie u.a. Panzer- und Marine-Kommandanten im Einsatz. Eine exzellente Übersicht findet sich bei Lipshitz, Klein, Orasanu, Salas (2001) in dem Beitrag *„Taking Stock of Natural Decision Making"*.

Prototypisch fasst Klein seine Beobachtungen zusammen:

> „They saw themselves as acting and reacting on the basis of prior experience; they were generating, monitoring, and modifying plans to meet the needs of the situations. We found no evidence for extensive option generation. Rarely did the fire· ground commanders contrast even two options. We could see no way in which the concept of optimal choice might be applied. [...] „Once the fireground commanders knew it was 'that' type of case, they usually also knew the typical way of reacting to it. They would use available time to evaluate an option's feasibility before implementing it. [...] We have described this strategy as a Recognition-Primed Decision (RPD) model." (Klein 1993, S. 139f.)

Wie entscheiden also Experten unter realen Bedingungen nach RPD? Vor allem *rasch* – 80 % der Entscheidungen werden in weniger als einer Minute getroffen (vgl. Klein, 2003, S. 18). Rasch können sie entscheiden, weil sie weder mehrere Alternativen konstruieren, noch diese stützende Informationen suchen oder diese dann gegeneinander abwägen (müssen). Rasch können sie entscheiden, weil sie dem RPD Entscheidungsprozess folgen:

- *Erleben der Situation* in einem sich verändernden Kontext;
- Diese *als typisch wahrnehmen* (anhand von Prototypen oder Vergleichsfällen);
- Dieses Erkennen erzeugt vier Nebenprodukte:
  - o *Erwartungen*, was passieren wird
  - o Wahrnehmen *relevanter Hinweise*
  - o Entwickeln *plausibler Ziele*
  - o Finden einer *typischen (passenden) Handlung*
- *Umsetzung* (vgl. Klein, 2003, S. 44, Klein & Klinger, 1991, S. 16ff.).

Das ist das Basismodell des RPD. Bei komplexeren Situationen wird dieser Ablauf um *mentales Modellieren*, eine Art des narrativ-bildlichen Antizipierens von Entwicklungen ergänzt (vgl. Klein, 2003, S. 69ff.). Schlicht zusammengefasst: „The evidence is compelling, that the expert accomplishes most of his or her daily work by means of this capability of recognizing situations and thereby recalling the knowledge necessary for dealing with them" (Simon, Egidi & Marris, 2008, S. 117).

Die wesentlichen Unterschiede von RPD zum rationalen Entscheiden sind 1) der Fokus auf *die Einschätzung* der Situation, 2) der Fokus auf die *Erfahrung* des Experten, 3) die Einsicht, dass Experten *schon beim ersten Mal eine adäquate und ausreichend passgenaue Handlungsoption* entwickeln, und 4) die Experten können *sofort zu handeln beginne*n, ohne auf das Ergebnis der Evaluation von Alternativen warten zu müssen (Klein 1993, S. 139f.). Mit dieser Art der Beschreibung und aus der beobachtenden Methodik ergibt sich auch eine Schwäche in der Evaluation: Es lässt sich so nicht herausfinden, ob nicht durch ein wenig mehr rationalen Analyseaufwand noch bessere Lösungen gefunden hätten werden können.

2.3.3.5. Fast & Frugal Heuristics

Eine zweite Möglichkeit aus dem Bauch heraus zu entscheiden haben Gigerenzer & Todd (1999) beschrieben – die Heuristiken. Sie bauen dabei auf von Kahneman, Slovic & Tversky (2001) beschriebene Heuristiken auf. Das sind sehr einfache und meist unbewusste Entscheidungsprozesse, die nicht der klassischen, logischen Rationalität folgen. Die Auswahl und der Einsatz der Heuristik sind beide vorbewusst: „Die Intelligenz des Unbewussten liegt darin, dass es, ohne [bewusst, der Verf.] zu denken, weiß, welche Regel [Heuristik, der Verf.] in welcher Situation vermutlich funktioniert." (Gigerenzer, 2008, S. 27)

Klassische experimentell untersuchte Heuristiken sind u.a. die *Recognition Heuristic* (nimm das, was Dir bekannt ist), *lexikalische Heuristiken* (arbeite einen Satz von Bedingungen ab – nimm die erste Alternative, die das erfüllt) oder die *Take-the-Best-Heuristic* (vgl. Gigerenzer, Hertwig & Pachur, 2011).

Martignon, Vitouch, Takezawa & Forster (2011) modellieren intuitive Heuristiken nach und überprüfen ihre Güte anhand eines medizinischen Beispiels der Einweisung von Patienten mit Verdacht auf Herzinfarkt in die richtige Station im Krankenhaus. Mithilfe der folgenden kurzen 3-Schritt-Heuristik, entwickelt von Green & Mehr (1997 zit. n. ebd., S. 145), schaffen die Ärzte eine korrekte Zuweisung – im Gegensatz zu der bis dahin gültigen Herangehensweise mit der Berücksichtigung von 19 Parametern, die in einer zeitaufwändigen Anamnese erhoben werden müssen, die dazu nur Ergebnisse nahe dem Zufallsniveau liefert.

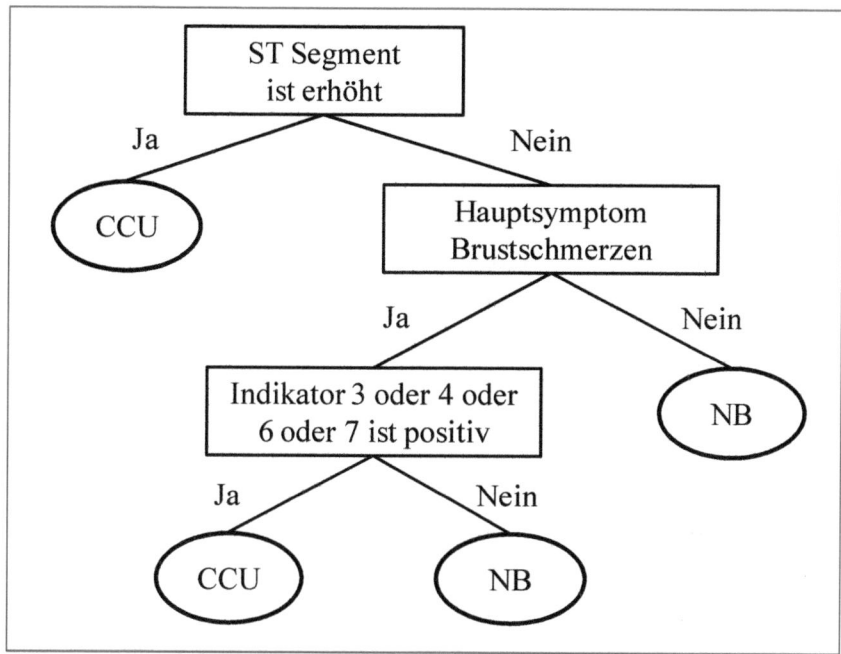

Abb. 5 Fast & Frugal Heuristic von Green & Mehr (1997), zit. n. Martignon et al. 2011, S. 145. CCU = an die *Cardic Care Unit* zuweisen, NB = in ein *normales Krankenbett*.

Martignon et al. (2011) überprüfen die Richtigkeit der Zuweisung nach dieser *Fast and Frugal Heuristic* im direkten Vergleich zu statistischen Regressionsanalysen und können dabei zeigen, dass sie ebenso gut abschneiden. Czerlinski, Gigerenzer & Goldstein (1999) prüfen weitere 20 Heuristiken auf ihre Vorhersagegenauigkeit im Vergleich zu multiplen Regressionsmodellen und finden sie gleich gut bis überlegen (vgl. ebd., S. 97ff.).

Fast and Frugal nennen Gigerenzer & Todd (1999) diese Heuristiken, weil sie schnell einsetzbar sind und mit einem Minimum an Dateninput erfolgreiche Lösungen ermöglichen (vgl. ebd., S. 4f.). Die Entwicklung von *Fast and Frugal*

Heuristics birgt besondere Schwierigkeiten: Wie findet man die entscheidenden Parameter und was ist die beste Abfolge der Fragen? Eine *Fast and Frugal Heuristic* kann man entweder aus strukturierten graphischen Darstellungen von natürlichen Häufigkeiten (vgl. Martignon, 2011, S. 134ff.) oder nach *Such- und Stoppregeln* entwickeln. Eine Suchregel lautet: „Suche Faktoren, reihe sie nach ihrer Bedeutung", eine Stoppregel: „Wenn es ein Faktor erlaubt, dann beende die Suche" (vgl. Gigerenzer, 2008, S. 188).

Perrow (1992) fasst – nach seiner Analyse von einer Reihe von Katastrophen – die Vorteile von Heuristiken zusammen: Sie sind grundsätzlich nützlich und zeitsparend, obwohl sie uns gelegentlich in Schwierigkeiten bringen. Und sie funktionieren wahrscheinlich deswegen häufig ganz gut, weil unsere Umwelten lose gekoppelt sind und so Spielräume und Puffer aufweisen, die auch Näherungen zulassen, anstatt immer eine exakte Lösung erforderlich zu machen (vgl. ebd., S. 370f.).

2.3.3.6. Intuition (2) – innere Stimmen

Das bikamerale Modell mit den inneren, göttlichen Stimmen wird von Jaynes (1997) auch auf der hirnphysiologischen Ebene dargestellt. In der linken Hemisphäre des Gehirns liegt das sogenannte Wernicke-Zentrum, das als eines der Sprachzentren der gesprochenen Sprache zugeordnet wird. Über die *commisura anterior,* eine der Verbindungsbahnen zwischen den beiden Schläfenlappen, ist dieses Zentrum mit seinem Äquivalent in der rechten Hemisphäre verbunden. In diesem rechtsseitigen Gegenstück des Wernicke-Zentrums ortet Jaynes ein Halluzinationszentrum. Dieses sei bei den Sehern, Propheten und Orakeln des Altertums wesentlich stärker ausgeprägt gewesen. Rudimentär habe es auch jetzt immer noch Funktionen, die in gewisser Weise den beschriebenen Götterstimmen ähnlich seien (vgl. ebd., S. 133ff.).

Im Zuge von Operationen an Epileptikern wurde in den 50er Jahren die rechtsseitige Hirnoberfläche in diesem Bereich mit schwachem Strom stimuliert. Im Zuge der Nachbesprechungen berichteten diese Personen von Phänomenen, die von Jaynes als die beschriebenen inneren Stimmen interpretiert werden (vgl. ebd., S. 137f.).

Jaynes (1997) beschreibt auch, wie Forschungsergebnisse zeigen, dass sich bikamerale Prozesse – insbesondere das Hören der inneren Stimmen – mit bestimmten Hypnosetechniken herbeiführen lassen. Er verweist allerdings auch auf die teilweise Widersprüchlichkeit dieser Forschungsergebnisse (vgl. ebd., S. 471ff.).

Dass innere Stimmen sich gelegentlich mittels Trancetechniken aktivieren lassen, erinnert auch an Beschreibungen von mystischen Erfahrungen, die mit intensiver Meditation oder Gebeten einhergehen können, wie z.B. bei Ignatius von Loyola: „In erster Weise beschreibt Ignatius die unmittelbare Intuition. In einer Art plötzlichem Berufungserlebnis hat man ein direkte göttliche Erleuchtung, die unzweifelbar klärt, was zu tun sei" (Kiechle, 2011, S. 28). Solche Erlebnisse sind für die meisten Menschen selten und auch ein wenig seltsam, räumt Kiechle ein. Und er stellt auch – wie Wittgenstein – die Frage, ob man ihnen trauen solle, woher man wisse, ob sie echt und/oder richtig seien (vgl. ebd., S. 28).

Welche anderen Erklärungen werden für das Funktionieren der Intuition (2) gefunden? Zuerst einmal jene, dass 1) das Unbewusste wesentlich mehr Informationen verarbeitet als das

Bewusstsein. Vor allem auch Information, die die Bewusstseinsschwelle nicht überschreitet, weil sie zu kurz, zu schwach oder am Rande des Wahrnehmungsfeldes angesiedelt ist, außerhalb des Scheinwerfers unserer Aufmerksamkeit (vgl. Roth, 2003, S. 234).

Wie das Unbewusste nach aktuellem Forschungsstand funktioniert, beschreibt Roth (2003) wesentlich detaillierter und forschungsgestützter. Unbewusste Vorgänge entziehen sich per definitionem der bewussten, sprachlichen Beschreibung und Analyse. Sie laufen meist schnell ab, ihre Konsequenzen sind in der Regel nicht besonders auffällig und, wenn überhaupt, nur schwer statistisch nachweisbar. Das Unbewusste sei 1) unabhängig von den Begrenzungen der kognitiven Ressourcen, 2) einer willentlichen Kontrolle kaum oder gar nicht unterworfen und 3) durch Aufmerksamkeit und Bewusstsein eher störbar. Wir seien auch in hohem Maße in der Lage, Ordnungszusammenhänge oder Muster in Ereignissen wahrzunehmen und danach zu handeln, ohne uns dessen wirklich bewusst zu sein (ebd., S. 226ff., insb. auch Priming).

Wie gut diese Art von Intuition funktionieren kann, sei an einem persönlichen Erfahrungsbeispiel des Autors dargestellt. Er ist passionierter Mountainbiker und Schwammerlsucher zugleich. Auf einer seiner Bike-Touren fuhr er mit ca. 40 km/h, also ziemlich schnell, auf einer geschotterteten Forststraße bergab. Unter Umweltbedingungen also, die volle Aufmerksamkeit auf den Weg (Schlaglöcher, Steinbrocken etc.) zur Pflicht machen. Plötzlich die innere Stimme: „Pilze, ca. 20 m links im Wald!". Also mit ca. 40 m Bremsweg anhalten, zurückgehen. Und tatsächlich, da standen punktgenau drei kleine Steinpilze von max. 10 cm Höhe. Wie diese in dem dichten, dunklen Wald aus voller Fahrt von der sonnenbeschienen Straße aus „gesehen" werden konnten, ist dem Autor nach wie vor ein Rätsel. Es lässt sich wohl am besten mit subliminalen Wahrnehmungen außerhalb des bewussten Wahrnehmungsfokus – aber sehr wohl im Interessensfokus – erklären (vgl. Roth, 2003, S. 227). Wichtig scheint hier auch die Gegenprobe: Es kam nie vor, dass der Autor in ähnlicher Situation eine ähnliche Eingebung hatte und nichts fand.

Ein weiteres Merkmal von Intuition ist die Möglichkeit des Lernens aus einer singulären Erfahrung. Inbesondere die Mandelkerne des Hippocampus steuern Lernen aus starken Gefühlszuständen, wie Stress, Angst, Glück oder Lust. Diese intensiven „Gefühle haben einen massiven Einfluss auf die bewusste und unbewusste Verhaltenssteuerung" (ebd., S. 550). Hier reichen bereits einmalige Erfahrungen, um für möglicherweise lange Zeiträume unbewusste und teilbewusste Vermeidungs- oder Hinwendungsreaktionen auszulösen (vgl. Spitzer, 2002, S. 157ff.; Damasio, 2002, S. 273ff.).

Aber selbst das scheint noch nicht alles, es bleiben noch einige weiße Flecken der „*Inner Voices*" und der „Berufungen". Daher soll hier zusätzlich kurz das konstruktivistische Magieverständnis Heinz von Försters vorgestellt werden, dem der Autor im Rahmen dieser Arbeit folgt. Dies erscheint notwendig, da Magie für Heinz von Förster (1999) ein Begriff ist, der dem wissenschaftlich orientierten Denken diametral entgegensteht, ein anderes Paradigma repräsentiert. In der Wissenschaft – lat. „sciencia" – wird analytisch vorgegangen und größere Phänomene werden in ihre Details zerlegt und diese separat betrachtet (auch hier wieder die indoeuropäische Wortwurzel „skei" – für scheiden, trennen). Die Magie hingegen – nach von Försters Verständnis – will die Dinge in ihrer

Gesamtheit und damit in ihrem Zusammenwirken und ihren Wechselwirkungen erfassen. Reste dieses magischen Verständnisses finden sich nach von Förster noch im Horoskop, wo man die Frage der angenommenen Fernwirkung und Wechselwirkung für Prognosen zu nutzen versucht. In einem Interview kommentiert von Förster schelmisch: „Jupiter hat genau so viel Einfluss auf unseren Onkel Josef, wie Onkel Josef auf den Jupiter hat" (von Förster, 1999a, Min. 24:30-26:00). Diese Definition macht den Magiebegriff in dieser wissenschaftlich orientierten Arbeit operationalisierbar: Magie betrachtet das große Ganze in allen vorstellbaren Wechselwirkungen. Das erscheint dem Autor als jener Aspekt, der bewusst oder unbewusst von Menschen vorausgesetzt wird, wenn sie günstige oder ungünstige Vorzeichen suchen, und auf innere Stimmen hören.

Dem Autor ist bewusst, dass die in diesem Abschnitt behandelte Sicht der Intuition (2) in wissenschaftlichen Kreisen umstritten ist und zum Teil fundamental abgelehnt wird. Diese möglichen Einflüsse spielen in dieser Untersuchung jedoch insofern eine Rolle, als Entscheidungen immer wieder mit Vorahnungen und Gewissheiten begründet werden, für die weder explizit (rational-empirisch) noch implizit (intuitiv-empirisch) ausreichend Informationen für eine einigermaßen robuste Entscheidung vorliegen. Und dennoch entscheiden Entscheider immer wieder aus einer inneren Gewissheit heraus, folgen einer inneren Stimme, einer „Berufung". Daher erscheint es hilfreich, diese Intuition (2) im Umfeld von intuitiven Entscheidungen bestmöglich darzustellen. Nur so kann im Rahmen des empirischen Teils der Arbeit der Versuch unternommen werden, dieses Phänomen zumindest im Ansatz zu beobachten und zu diskutieren.

2.3.3.7. Was ist Intuitives Entscheiden (2)?

Alden Hayashi (2001) führte in einer Studie Interviews mit amerikanischen Top-Managern durch, um den Mythos der *Gut-Feelings* beim Entscheiden im Management zu erforschen. Aus Sicht des Autors sind die weiteren Begriffe, mit denen Hayashi ebenfalls operiert, bezeichnend, um dieses diffuse Feld zu beschreiben und zumindest ein wenig einzugrenzen: *„Intuition"*, *„Gut Instinct"* [Bauchgefühl], *„Hunches"* [Ahnungen] or *„Inner Voice"* (vgl. ebd., S. 169ff.).

In weiterer Folge führt Hayashi einige Beispiele großer und erfolgreicher Entscheidungen an (Bau des Dodge Viper von Chrysler's CEO Bob Lutz, Akquisitionen von Ralph Larsen, CEO von Johnsons & Johnson (J&J)), die nach Aussagen seiner Interviewpartner aus ihren *Gut-Feelings* heraus getroffen wurden - zum Teil gegen große Widerstände von analytisch orientierten Mitarbeitern und Kollegen der Unternehmens-führung. „It was this subconscious, visceral feeling. It just felt right" (ebd., S. 170), wird z.B. Bob Lutz zitiert. Er beschreibt also ein Gefühl unterhalb des Bewusstseins, eher in den Eingeweiden angesiedelt. Intuition werde insbesondere bei komplexen und mehrdeutigen Problemen eingesetzt, dort, wo logische Methoden wie Kosten-Nutzen-Rechnungen nicht ausreichend seien. Dieses *Gut-Feeling* ist auch ein Teil der Selbsterklärung der Executives, z.B. R. Larsen von J&J wird zitiert mit: „[...] But it's at that point – when we have a tremendous amount of quantitative information, that's been already analysed by very smart people – that I earn what I get paid. Because I will look at the information and I will know, intuitively, whether it's a good or a bad deal" (ebd., S. 174). Das sei allerdings nicht immer ein einfacher und sorgenfreier Prozess, so Richard Abdoo, CEO von Wisconsin Energy Corp.: „You end up consuming more Rolaids [Medikamente gegen

Sodbrennen], but you have to learn to trust your intuition" (ebd., S. 174). Würde auf die Analyse aller Daten gewartet werden, dann sei die Entscheidung häufig schon obsolet.

Die *Gut-Feelings* seien tatsächlich auch mit körperlichen Signalen verbunden: ungewöhnliche Gefühle in der Magengegend, manchmal im Rachen, manchmal an der Haut (vgl. ebd. S. 177).

Eine umfassende kritische Reflexion einiger Aspekte der Intuition (2) und der Deutung von Einflüssen und der Konstruktion von Zusammenhängen findet sich bei Klein in „Alles Zufall" (2006) und „Ich habe recht, auch wenn ich mich irre" von Tavris und Aronson (2010). Sehr pointiert und nachdrücklich weist Nassim Taleb (2010) in seinen Essays *The Black Swan* (2010) und *Fooled by Randomness* (2007) auf die rein statistische Wahrscheinlichkeit des Faktors Glück bei sowohl analytischen als auch intuitiven Verfahren hin – und betont, dass wirklich dramatische Unglücksfälle so selten seien wie ein schwarzer Schwan.

Die meisten dieser Bereiche der Intuition (2) sind – abgesehen von ihren neurowissenschaftlichen Korrelaten – recht schwierig systematisch zu erforschen. Fehlentscheidungen kommen auch bei starken und klaren Intuitionen vor: „[all] said, Lutz and Eisner [CEO Disney Corp.] will be the first to admit, that their instincts are often plain wrong" (Hayashi, 2001, S. 183). Und James March (1994) formuliert ebenfalls deutlich: „It is not clear, what intuition is. Perhaps it is simply an excuse for doing what decision makers want to do, when they cannot explain why they want to do it" (ebd., S. 262).

Roth (2010) empfiehlt angesichts der Unentscheidbarkeit der Frage, wie man entscheiden soll, für komplexe Probleme eine aufgeschobene intuitive Entscheidung. Dazu sammelt und analysiert man alle Informationen, wie für eine rationale Entscheidung – und stoppt dann aktiv diesen Prozess zu einem festgesetzten Zeitpunkt, um zusätzliche Verwirrung durch noch mehr Informationen zu vermeiden. Dann „überschläft" man die Sache und entscheidet am nächsten Tag – spontan, intuitiv, ohne weiter darüber nachzudenken. Das sei möglich, weil durch die rationale Analyse zu Beginn „Netzwerke im Vorbewussten angestoßen werden, die dann weiterarbeiten" (ebd., S. 25f.). So hat das Vorbewusste, das Intuitive, Zeit sich auf seine Weise mit der Frage zu befassen.

2.3.4. Gemeinsam Entscheiden

Allein Entscheiden hat in unserem kulturellen Kontext nach wie vor starke semantische Aufladungen: Der Leader und Experte, der weiß, was richtig ist und das richtige Gespür hat (siehe 2.3.3.6) sowie natürlich die Dimension der Macht und der Gestaltungsräume. Das Argument vom „basisdemokratisch ausdiskutieren" ist rasch zur Hand, um mit einer argumentativen Scheinalternative mögliche Vorteile gemeinsamen Entscheidens vom Tisch zu fegen. Und die Realität von Besprechungen und Meetings zeigt, dass tatsächlich häufig viel Energie und Kraft investiert wird, um Gesicht zu wahren, Positionen zu halten und Besitzstände zu sichern. Zusätzlich finden sich Experten laut Tetlock (2006) häufig in der Expertenfalle von Hybris und der Versuchung, Optionen auszuschließen, die nicht zur eigenen vorgefassten Expertenmeinung passen (vgl. ebd., S. 23).

Es gibt jedoch einige Bereiche, in denen sich die Vorteile von gemeinsamen Entscheidungen überprüfbar und deutlich zeigen. Bis in die 1970er Jahre hinein war das Paradigma des Alleinentscheidens auch bei Fluglinien *State of the Art*: Der Chefpilot allein entschied darüber, ob er in schwierigen Situationen auch die Meinungen und Wahrnehmungen der anderen Crew-Mitglieder mitberücksichtigte – oder nicht. Er war befugt, in voller Alleinverantwortung zu entscheiden und zu handeln. Jonah Lehrer (2009) beschreibt anhand des Beispiels des vollbesetzten Fluges United 173, der nach technischen Problemen aufgrund von Treibstoffmangel abstürzte, mit 10 Toten die Gefahren der Alleinentscheidung. Als Ursache wurde in den Untersuchungen und Auswertungen festgestellt, dass der Pilot vollständig auf die Probleme mit dem Fahrwerk fixiert war und auf die Hinweise seines Flugingenieurs nicht geachtet hatte, der mehrfach auf sinkende Treibstoffreserven hinge-wiesen hatte. Dieses Unfallgeschehen war ein wichtiger Einfluss zur Einführung von Teamentscheidungen (*Cockpit Ressource Management*, CRM) in der zivilen Luftfahrt (vgl. ebd., 324ff.).

CRM besteht nach Tony Kern's Buch *Controlling Pilot Error* (2001) aus einigen essentiellen Schritten, die es fundamental von gewöhnlichen hierarchisch strukturierten Prozessen unterscheiden. 1) *Inquiry* - die Freiheit zu fragen, die wichtigen und richtigen Fragen zu stellen, Informationen zu sammeln, zu bewerten und zu aktualisieren, 2) *Assertive Advocacy* – nachdrückliches und respektvolles Eintreten für die Lösung des Problems (ohne *Hidden Agenda*), 3) *Conflict Resolution* – mit dem Fokus darauf was richtig ist und nicht wer Recht hat und durchaus in dem Bewusstsein, dass dabei widersprüchliche Denkstile aufeinandertreffen können, 4) *Decision Making* – flexibel, mit Input von allen Beteiligten, und zuletzt und besonders wichtig 5) *Kritik und Feedback* – Reflexion der

Prozesse, nachdem die Situation bewältigt und/oder überstanden ist (vgl. ebd., S. 84ff.).

Die flächendeckende Einführung von CRM trug unter anderem dazu bei, den Anteil der Pilotenfehler am Unfallgeschehen von 42 % (1983-1987) auf 25 % (1998-2002) zu senken. Als Auslöser der Verbesserungen wurden vor allem „improved decision making by pilots and better crew coordination" genannt (vgl. Baker, Qiang, Rebok & Li, 2008).

Weick und Roberts (1993) entwickeln parallel dazu das *Collective Mind* Konzept aus Beobachtungen von Team- und Gruppenprozessen unter hohem Zuverlässigkeitsdruck bei ständig wechselnden Bedingungen (z.B. Flugzeugträger). *Collective Mind* bestehe vor allem in einer Art achtsamer Bezogenheit aufeinander, bei gleichzeitig hohem individuellem Handlungsspielraum. Diese Art von *Collective Mind* könne z.B. auch bei *Common Target Games* beobachtet werden, bei denen Teilnehmer ohne Kommunikationsmöglichkeiten binnen kurzer Zeit zu funktionierenden Interaktionsschleifen im Handeln kommen (vgl. ebd., S. 357ff.).

Insbesondere aus Entscheidungsbereichen mit häufig kritischen Situationen nährt sich das Paradigma der Gruppen-entscheidungen. Die Option des gemeinsamen Entscheidens hat eindeutige Vorteile:
1. Mehr Menschen haben mehr Zugang zu mehr Informationen in der Art eines *Transactive Memories* (vgl. Wegner, 1986).
2. Bessere Akzeptanz durch frühzeitiges Ausverhandeln und Berücksichtigen unterschiedlicher Positionen (vgl. Schulz-Hardt, 2007, S. 137f. und auch Malik, 2000, S. 210).

3. Weitere Personen stellen zudem eine Quelle für neue Ideen dar, ein Kreativitätspotential (vgl. Klatetzki, 2006, S. 152, Hoffmann-Riem, 2006, S. 14f.).
4. Wenn Menschen sich detailliert über verschiedenartige Beobachtungen austauschen, dann entwickeln sie daraus neue Ideen, Hypothesen und Generalisierungen in einer *Magical Transformation* (vgl. Wegner, Guiliano & Hertel, 1991, S. 923ff.).
5. Diese *Magical Transformation* könnte nach neuerer Forschung mit der Verschaltung von Spiegelneuronen zu einem *gemeinsamen Vielfachen* zusammenhängen (vgl. Bauer, 2005, S. 106).

Wichtige Rahmenbedingungen für das Funktionieren von Gruppenentscheidungen seien Achtsamkeit, Respekt, ein nachdrücklicher Austausch von heterogenen Positionen aber auch Ergebnisoffenheit – und bei Gremien-Beschlüssen oft auch Vertraulichkeit über den Prozess nach außen (vgl. Hoffmann-Riem, 2006, S. 14f.).

Gemeinsames Entscheiden schafft häufig Voraussetzungen für erfolgreiche Entscheidungen: „Successful decision-making must necessarily include a place for cooperation, coalition building, and the whole panorama of differing personalities, perspectives, responsibilities, and powers" (Etzioni, 2001, S. 50).

2.3.5. Humble Decision Making

Als Meta-Technik wird in dieser Studie das *Humble Decision Making* nach Amitai Etzioni (2001) vorgestellt. Dieser Zugang des bescheidenen, demütigen Entscheidens wurde aus den Unzulänglichkeiten des rationalen Entscheidens heraus entwickelt. Die von Etzioni entwickelten und von Dörner (2000) empirisch untersuchten Grundqualitäten für erfolgreicheres

Entscheiden scheinen für die intuitiven, die gemeinsamen und auch für die rationalen Prozesse zu gelten.

Etzioni (2001) vereint in seinem Zugang zwei Grundprinzipien – einerseits eine *klare Ausrichtung auf fundamentale Ziele* und andererseits *Incremental Decisions*, auf Bestehendes aufsetzende, kleinteilige Zwischenentscheidungen orientiert an instrumentellen Zielen (ebd., S. 53).

Er beschreibt folgende wesentliche Regeln für *Humble Decision Making* (HDM):

1. *Focused Trial and Error* - mit bewusst gesetzten Überprüfungen der Ergebnisse, um die Interventionen zu adaptieren und modifizieren;
2. *Tentativeness* – ein tastendes Vorgehen mit der Bereitschaft, den eingeschlagenen Kurs jederzeit zu revidieren;
3. *Procrastination* – Verzögerung, um weitere Information oder Optionen zu sammeln und zu bearbeiten oder auch, um dem Problem die Chance zu geben, sich selbst zu lösen;
4. *Decision Staggering* – ein schrittweises Vorgehen, um immer wieder Informationen über gewünschte Auswirkungen zu bekommen;
5. *Fractionalizing* – wichtige Entscheidungen in mehrere Unterentscheidungen aufzudröseln und über längere Zeit zu verteilen;
6. *Maintaining Strategic Reserves* – Finanzielle Reserven zu halten, um für unvorhergesehene Widrigkeiten aber auch Chancen finanziell gut gerüstet zu sein;
7. *Reversible Decisions* – Umkehrbare Entscheidungen, um ein Über-Commitment bei zu geringer

Informationslage zu vermeiden (Originalzitate kursiv gestellt, vgl. ebd., S. 54ff.).

Dörner (2000) entwickelte Computersimulationsspiele, die es ermöglichen, komplexe Entscheidungsszenarien über (simuliert) längere Zeithorizonte zu verfolgen und zu analysieren. Diese Simulationen repräsentieren ein kontrollierbares und abgeschlossenes System mit der Möglichkeit, gleichzeitig jede einzelne Entscheidung und die so entstehenden Entscheidungsstrategien zu analysieren. Daher sind sie geeignet, die Validität der von Etzioni für HDM beschriebenen Regeln zu testen.

In der folgenden Tabelle der Elemente erfolgreicher Strategien in Dörner's Simulationen werden vom Autor dieser Studie ihm passende Regeln von HDM gegenübergestellt, um so ein *Tentative Fitting* von theoretischem Postulat und Experiment zu ermöglichen. Es wurden dafür jeweils maximal jene zwei *Fits*, ausgewählt, die dem Autor als am passendsten erschienen.

Erfolgsfaktoren nach Dörner	HDM - die zwei besten Fittings
Erzeugen in Summe deutlich mehr Entscheidungen.	*Fractionalizing, Decision Staggering*
Realisieren mehr Entscheidungen pro Absicht (=Sub-Zielsetzung).	*Tentativeness, Fractionalizing*
Beschäftigen sich mehr und früher mit Ursache und Wirkungszusammenhängen.	*Focused Trial and Error, Decision Staggering*
Überprüfen ihre Hypothesen häufiger durch Nachfragen.	*Tentativeness*
Strukturieren ihr Vorgehen häufiger sequentiell von der Art „Erst A, dann B, und dann C".	*Decision Staggering*
Arbeiten stabiler an den Veränderungszielen.	*klare Ausrichtung auf fundamentale Ziele*
Führen weniger dramatische Innovationen ein.	*Decision Staggering, Fractionalizing*
Delegieren die Verantwortung für Scheitern weniger an „äußere Umstände".	-

Tab. 1: Vergleich Erfolgsstrategien in komplexen wechselwirkenden Umwelten mit Humble Decision Making nach Dörner, 2000, S. 39ff.

Vor dem Hintergrund dieser bemerkenswerten Übereinstimmungen erscheint dem Autor die Schlussfolgerung erlaubt, HDM in dieser Studie als eine Meta-Qualität zu beobachten, unabhängig vom gewählten Grundzugang zum Entscheiden.

2.4.   Die Entscheidungsfelder

2.4.1.   Top-Management

Peter F. Drucker ist einer der führenden Theoretiker des Managements, der zahlreiche Standardwerke verfasst hat. Er legt die Latte für Manager hoch: „The manager is the dynamic, life-giving element in every business. [...] the quality and the performance of the managers determine the success of a business [...]" (Drucker, 1995, S. 3). Die besonderen Herausforderungen für einen Manager liegen insbesondere auch darin, dass er in jeder Entscheidung und Handlung oft widersprüchliche kurzfristige und langfristige Ziele und Perspektiven vereinbaren muss (vgl. ebd., S. 336).

Malik (2000), ein modernerer Management-Denker, umreißt die generellen Aufgabengebiete eines Managers mit Resultatorientierung, für Ziele sorgen, organisieren, entscheiden, kontrollieren und Menschen entwickeln und fördern. Entscheiden ist somit eine der Kernaufgaben eines Managers.

2.4.1.1. Entscheiden im Management

Eine von Drucker's (2001) Konstruktionen ist der „effektive Manager" – der auch *effektive Entscheidungen* trifft. Wie macht das ein Manager nach Drucker richtig, nämlich effektiv? Zuerst einmal ist Geschwindigkeit in der Datenverarbeitung keine Kompetenz eines Managers. Drucker hält dies im Gegenteil für ein Zeichen schlampigen Denkens. Der effektive Manager versucht die Dinge fundamentaler anzugehen, und zwar in einem Prozess mit sechs Schritten, postuliert Drucker: *1) Klassifizieren, 2) Definieren, 3) Spezifizieren, 4) Entscheiden, 5) Umsetzungsplanung* und *6) Überprüfen.*

Ad 1) *Klassifikation*: Die erste Frage, die der Manager sich stellt, lautet: Ist das ein *generisches*, also ein wiederkehrendes oder typisches Problem oder ist es *einzigartig* und außergewöhnlich? Dabei sei darauf zu achten, dass generische Phänomene immer wieder den Anschein erwecken, als seien sie einzigartig – bis der Manager die Zugehörigkeit zu einer passenden Kategorie erkennt. Für alle generischen Probleme gelte es, eine ebenso generische und allgemein gültige Regel oder ein Handlungsprinzip zu entwickeln, sodass die Entscheidung künftig ohne Zutun des Managers ausgeführt werden kann. Einzigartige Probleme bedürfen der vollen Aufmerksamkeit und dafür lassen sich auch keine Regeln entwickeln.

Ad 2) *Definition:* Hier stellt sich der Manager die Frage: Um was geht es hier? Was ist der Schlüssel zu dieser Frage? Dabei besteht die Gefahr, den Rahmen zu eng zu stecken und wesentliche Einflussgrößen zu ignorieren. Daher muss immer wieder sorgfältig auf unerwartete und untypische Zeichen oder Abweichungen vom Erwarteten geachtet werden.

Ad 3) *Spezifikation*: Was soll die Entscheidung bewirken? Was soll damit erreicht werden? Hier geht es um die Definition von Mindestzielen und Mindesterfordernissen. Problematisch sind hierbei laut Drucker sich gegenseitig ausschließende Ziele, die bei der Spezifikation übersehen werden. Dann sei man nämlich auf ein Wunder angewiesen – und diese seien leider rar und unzuverlässig.

Ad 4) *Entscheidung:* Zu Beginn trachtet der effektive Manager nach dem prinzipiell Richtigen – und beginnt nicht schon von vorneherein, sich dem Machbaren in Kompromisshaltung anzunähern. Dieser Schritt wird dann in der Praxis ohnehin notwendig.

Ad 5) *Umsetzung:* Die Entscheidung allein ist nichts – solange sie nicht von einem klaren und adäquat kommunizierten Umsetzungsplan begleitet ist. Wer muss informiert sein? Was muss von wem bis wann erledigt werden? Welche Ressourcen sind notwendig? Das sind die Kernfragen, die ein Umsetzungsplan beantworten sollte, um tatsächlich die gewünschte Wirkung erzeugen zu können.

Ad 6) *Überprüfen* – oder *Feedback,* wie Drucker diesen Schritt nennt. Es sei notwendig, sich wiederholt und so persönlich wie möglich vom Fortschritt, von Verzögerungen und möglichen Hindernissen zu überzeugen. Am besten verlässt sich der Manager dabei direkt auf seine eigenen Augen und Ohren und nicht auf abstrakte Reports, die die Tendenz haben, wichtige Informationen zu verschleiern (vgl. ebd., 7ff.).

Im Gegensatz zur klassischen Entscheidungstheorie sieht Drucker also Entscheiden im Top-Management als einen umfassenderen Prozess. Dieser Prozess beginnt mit wesentlich fundamentaleren Fragen (generisch oder einzigartig) und ist wesentlich stärker auf die Umsetzung und das Nachjustieren der Entscheidung hin fokussiert.

Malik (2000) übernimmt die prinzipielle Struktur dieses Entscheidungsprozesses von Drucker voll inhaltlich. Er ergänzt und erweitert um ein paar Verfahrensschritte und detailliert etwas mehr. Grundsätzlich werde das Entscheiden im Management von einigen Missverständnissen und Irrtümern umrankt. Es finde wesentlich weniger Auseinandersetzung mit oder auch Training von Entscheidungsmethodik statt, als dies die Bedeutung des Entscheidens für den Unternehmenserfolg erwarten ließe. Als Kernirrtümer rund um die Managemententscheidung listet Malik auf: 1) Die *Illusion, das Problem sei klar,* 2) die *Illusion,* eine Führungskraft treffe *viele und schnelle Entscheidungen,* 3) die Versuchung, *zu wenige Alternativen* zu entwickeln, 4) der *zu starke Fokus auf die Entscheidung an sich,* 5) *ideologiegetriebene Konsensorientierung* und 6) der *zu starke Glaube an komplizierte Metho-den* (ebd., S. 202ff.).

Ad1) *Illusion des „klaren Problems"*: Der Manager möge sich die Prämisse zu eigen machen, dass das Problem nie klar sei, sondern dass es erst herausgefunden werden muss – und zwar „meistens aus einem Gestrüpp von Daten, Vermutungen, Behauptungen und vagen Vorstellungen" (ebd., S. 203). Am besten stellt man sich die einfache Frage: *„Worum geht es hier wirklich?"* (ebd., 204). Malik stößt hier die Tür auf zu einem durchaus widersprüchlichen Themenfeld – zumindest aus konstruktivistischer Sicht. Einerseits ist es natürlich als sinnvoll und zielorientiert zu erachten, dass versucht wird, das Problem bestmöglich zu erfassen. Andererseits konstruiert und nährt die Formulierung die Illusion, man wüsste dann, worum es *„wirklich"* geht – während tatsächlich ein altes Gestrüpp von Konstruktionen durch ein neues, anderes Gestrüpp von Konstruktionen ersetzt wird, das bestenfalls ein wenig besser zielgerichtet bearbeitbar ist.

Ad 2) *Illusion der vielen und schnellen Entscheidungen:* Effektive Manager treffen laut Malik (und auch schon nach Drucker 1995) wenige Entscheidungen, diese jedoch gut überlegt und abgewogen. Und sie treffen sie in dem Bewusstsein, dass jede Entscheidung immer auch unerwünschte Folgen und Risiken mit sich bringt. Viele und schnelle Entscheidungen werden auch als ein Zeichen gesehen, dass der Manager sich unter Druck setzen lässt – und Manager meiden diesen Druck so gut es geht. Hier räumt Malik auch mit der Illusion des Managers mit der besseren Intuition, der starken inneren Stimme auf. Malik bringt hier Wittgensteins Argument: Auch erfahrene Manager können nicht wissen, ob die innere Stimme Richtiges oder Falsches vorschlägt. Nur durch gestärkte Urteilskraft, einen großen Reichtum an Erfahrung und viel Sachkenntnis lassen sich Entscheidungen beschleunigen (vgl. ebd., S. 204ff.).

Ad 3) *Zu wenige Alternativen:* Effektive Führungskräfte nähren laut Malik in sich den Glaubenssatz, dass es immer noch mehr, andere, neue Alternativen gibt – auch wenn das (Er)Finden noch mehr und zusätzlich Zeit kostet (vgl. ebd., S. 207f.).

Ad 4) *Zu starker Fokus auf die Entscheidung selbst:* Hier wird Druckers Umsetzungsorientierung (s.o.) ausargumentiert mit einem Fokus auf *Follow-Up* und *Follow-Through* (vgl. S. 208f.).

Ad 5) *Ideologiegetriebene Konsensorientierung:* Malik ortet einen Modetrend zum unbedingten Konsens. Wenn Konsens vor allem aus diesem Grund erfolgt, um konsensual zu sein, dann sei das hinterfragungswürdig. Bevor ein tragfähiger Konsens zustande kommen kann, müsse es erst eine Phase des offen ausgetragenen Dissenses geben. Dieser Dissens sei fruchtbar, weil hier alle Zweifel, Bedenken, Widersprüche und Widerstände ausargumentiert und ausverhandelt werden können. Nur so könne sichergestellt werden, dass die Umsetzung nicht von zurückgehaltenen Ressentiments blockiert wird (vgl. ebd., S. 209ff.).

Ad 6) *Glaube an komplizierte Methoden*: Es sei ein typischer Anfängerfehler von Uni-Absolventen, an die Kraft dieser Methoden zu glauben. In der Realität seien jene Probleme die Ausnahme, die sich nur mit komplexen Methoden lösen lassen. In Folge empfiehlt Malik den Entscheidungsprozess nach Drucker (s.o.), mit zwei wesentlichen Ergänzungen – einer Schärfung des Risikobewusstseins und einer Festlegungen der Grenzbedingungen (vgl. ebd., S. 211f.).

Zur Schärfung des Risikobewusstseins nennt Malik *vier Risikoklassen*: 1) Das normale und unvermeidliche Risiko des Wirtschaftslebens, 2) ein darüber hinausgehendes Risiko, das sich das Unternehmen durchaus leisten kann, 3) das Risiko, das sich ein Unternehmen nicht leisten kann, weil die Folgen eine Katastrophe darstellen, wenn sie eintreten, und das daher gemieden werden muss, und 4) das Risiko, das das Unternehmen eingehen muss, weil es sich nicht vermeiden lässt und weil man es sich nicht leisten kann, es zu vermeiden. In diesem Kontext ist auch die Reversibilität von Entscheidungen ein wichtiges Kriterium – wenn eine Entscheidung nicht umkehrbar ist, dann muss man sich umso gewissenhafter mit den Risiken auseinandersetzen (vgl. ebd., S. 218f.).

Für eine Kontrolle der Entscheidung empfiehlt Malik die Festlegung der Grenzbedingungen. Das sind Annahmen, die man treffen muss, weil man im Entscheidungsprozess nie alle Informationen über künftige Entwicklungen haben kann. Diese Grenzbedingungen müssen klar festgeschrieben sein, denn nur sie liefern Klarheit darüber, wann sich die (für das Unternehmen relevante) Umwelt so verändert hat, dass die Entscheidung nicht mehr passt und überarbeitet werden muss. Um die Grenzbedingungen festzulegen, stellt man sich (etwas freier) nach Malik eine einfache Frage: *Welche Umstände müssen eintreten oder ausbleiben, damit wir akzeptieren, dass es nicht so läuft wie geplant?* (vgl. ebd., S. 219f.).

2.4.1.2. Verantwortung im Top-Management

Die Verantwortung im Top-Management ist eine dreifache: 1) Die *ethische Verantwortung* für das eigene Entscheiden und Handeln – das sich verantwortlich fühlen (vgl. Malik, 2000, S. 60f.); 2) Die *Ergebnisverantwortung* den Eigentümern und Mitarbeitern gegenüber – dafür zu sorgen, dass die Zukunft des Unternehmens durch bestmögliche Ergebnisse und Profitabilität gesichert werden (Drucker, 1995, S. 74). Sehr weit dehnt Luhmann (2003) diesen Aspekt der Verantwortung von Führungskräften: Die Führungskraft haftet für den Erfolg und auch für jenen Misserfolg, der nicht vorhersehbar war (vgl. ebd., S. 212); 3) und im schlimmsten Fall eine *strafrechtliche Verantwortung* im Fall einer fahrlässigen Krida (vgl. dazu die Chronologie des Libro Konkurses; derstandard.at, 2011).

Die Schwierigkeiten bei der Zuordnung der Verantwortung liegen häufig darin, den unmittelbaren Wirkungszusammenhang von Entscheidungen und Handlungen zu den (gewünschten oder ungewünschten) Auswirkungen herzustellen und zu bewerten. Und wenn durch massiv und nicht vorhersehbar geänderte Rahmenbedingungen die Ergebnisse erklärbar ausbleiben, so gibt es häufig keine Konsequenzen.

2.4.2. Hoch-Risiko

In den Begriffsdefinitionen (2.2.7.1) wurde das ökonomische, Knight'sche Risiko als wesentliche Komponente von rationalen Entscheidungsprozessen definiert. Hier wird eine andere Art von Risiko betrachtet und behandelt. Als Hoch-Risikobereiche werden Entscheidungsbereiche verstanden, die ein *hohes*

individuelles oder kollektives Schadenspotential in sich tragen –
unabhängig von der statistisch zu erwartenden
Eintrittswahrscheinlichkeit. Gewisse kollektive und individuelle
Vorteile – allgemeiner Wohlstand, weit verbreiteter Luxus,
alljährliche Fernreisen, persönliche Abenteuer etc. – lassen sich
nur dann erreichen, „wenn man etwas aufs Spiel setzt"
(Luhmann, 2003, S. 19). Das ist der Risikobegriff, der hier als
Hoch-Risiko bezeichnet wird: wo etwas auf dem Spiel steht und
individueller oder kollektiver Schaden eintreten kann.

Perrow (1992) unterscheidet zwischen passivem und aktivem
Risiko (vgl. ebd., S. 367). Unter passiven Hoch-Risikosystemen
fasst er verschiedene Großtechnologien und Transportsysteme
mit kollektivem Schadenspotenzial zusammen: Kernenergie
und -waffen, Chemiefabriken, Genforschung, Schiff-, Raum-
und Luftfahrt, Staudämme u.a.m. Weitere Bereiche können hier
ergänzt werden, wie die Risiken des modernen Strafvollzugs
aber auch Seilbahnen und Eisenbahnen sowie moderne
Bebauungszonen in Abstimmung mit Wildwasser- und
Lawinenschutz. All diesen Bereichen gemeinsam ist ein
grundsätzlich nicht vollständig eliminierbares Gefahrenpotenzial
und auch eine Historie von realen kleineren und größeren
Unglücksfällen bis hin zu ausgewachsenen Katastrophen. Als
passiv werden diese Risiken erlebt, weil das Individuum kaum
Steuerungsmöglichkeiten hat und den Risiken unfreiwillig und
oft auch unbewusst ausgesetzt ist.

Als aktive Risiken in diesem Sinn klassifiziert Perrow jene, die
wir gerne eingehen, wenn wir davon überzeugt sind, dass wir
sie unter unserer persönlichen Kontrolle haben (vgl. ebd., S.
367). Das reicht vom Rauchen und seinen Gefahren über das
Autofahren bis hin zu Risikosportarten. Gerade die
Risikosportarten ziehen einen Gutteil ihrer Attraktivität daraus,

dass mit zunehmender Übung und Erfahrung immer höhere Risiken kontrollierbar sind oder erscheinen.

In weiterer Folge der Studie wird der Hoch-Risikobereich des Führens und Entscheidens im Alpinsport (insbesondere Expeditionen und Lawinenkunde), ergänzt um ein Beispiel aus dem Strafvollzug, untersucht.

2.4.2.1. Entscheiden im Hoch-Risiko

Das Entscheiden im Hoch-Risiko hat eine besondere, geradezu dramatische, Eigenschaft: Während beim Entscheiden im Management ein Lernen aus Fehlentscheidungen (Trial und Error) durchaus üblich und akzeptiert ist, ist das beim Hoch-Risiko definitiv nicht günstig. Hier kann bereits *die erste Fehlentscheidung* eines Neulings *die letzte sein*, weil sie im schlimmsten Fall zu seinem Tod oder einer Katastrophe führt. Es gibt hier kein gefahrloses Probehandeln unter realem Hoch-Risiko. Die Erkenntnis, dass die falsche Entscheidung getroffen wurde, kommt mitunter zu einem Zeitpunkt, wo diese nicht mehr umkehrbar ist (vgl. Würtl & Larcher, 2007, S. 111f.).

Ein zusätzliches Gefahrenmoment entsteht dadurch, dass mit zunehmendem Können (i.S.v. Wissen und Erfahrung) der Experten diese wiederum einem hohen Unfallrisiko ausgesetzt sind. Sie nähren in sich die Überzeugung, dass sie „es bisher immer geschafft haben" und sind daher verführt, höhere Risiken zu einzugehen. Und sie verbringen in Summe auch mehr Zeit in risikoreichen Situationen. In diesem Zusammenhang scheint auch ein Extrakt aus unterschiedlichen Forschungsergebnissen von Lopes (1997) relevant, das im Prinzip besagt, dass Menschen sich häufig so verhalten, als hätten sie Kontrolle über zufällige Ereignisse. Diese scheinbare Anmutung von Kontrolle und Beherrschung habe vier gute Gründe: 1)

Menschen wollen grundsätzlich ihre Umweltbedingungen meistern, 2) es sei unangenehm zu glauben, man hätte keine Kontrolle, 3) Zufall und Können/Fertigkeiten koexistieren in vielen Situationen und 4) diese Illusion hilft emotional mehr als sie tatsächlich an Schaden verursacht. Daraus ließe sich der Schluss ziehen, dass Risikoverhalten auch von der optimistischen Illusion getragen wird, dass die Konsequenzen stärker kontrollierbar sind, als sie tatsächlich sind (vgl. ebd., S. 712).

Entscheiden im Hoch-Risiko verlangt aufgrund dieser Prämissen und seiner Rahmenbedingungen nach besonderen Verfahren. Ein solches Verfahren ist, Entscheidungssituationen im Hoch-Risiko systematisch zu erfassen, in hohem Grad zu standardisieren und dann in Simulationen zu trainieren. Die so entwickelten *Standard Operating Procedures* (SOPs) werden in vielen Hoch-Risikobereichen eingesetzt.

Darüber hinaus ist es geradezu ein Wesenszug der Hoch-Risikobereiche, dass es immer wieder neue, noch nicht erfasste oder einfach zu komplexe Situationen gibt, die mit den bestehenden SOPs nicht adäquat bearbeitet werden können.

In Anlehnung an Malik (2000, siehe 2.4.1.1) lassen sich auch für die Hoch-Risikobereiche vier Risikoklassen entwickeln: 1) Das normale Risiko, das *angesichts der möglichen Konsequenzen so gering wie möglich* gehalten werden muss; 2) ein darüber hinausgehendes, gewähltes Risiko, das ein *Individuum gelegentlich eingeht, um seinen persönlichen Nutzen (Freiheit, Spaß, Abenteuer) zu maximieren* (vgl. Töchterle, 2007, S. 127); 3) das Risiko, das man sich nicht leisten kann, weil die Folgen eine *Katastrophe für sich und andere darstellen*, und das daher unter allen Umständen gemieden werden muss; und 4) das Risiko, das man eingehen muss, weil *die Situation anders nicht mehr lösbar ist* (vom Autor vorgenommene Anpassungen sind kursiv gedruckt).

2.4.2.2. Verantwortung im Hoch-Risiko

Für den Alpinsport meint Töchterle (2007) grundsätzlich zur Verantwortung: Man ist für das gewählte Risiko verantwortlich (vgl. ebd., S. 128). Aber was bedeutet diese Verantwortung genau? Wem gegenüber ist man verantwortlich? Und wie wird diese Verantwortung eingefordert?

Abgesehen vom persönlichen Verantwortungsgefühl gibt es eine Tendenz zur Erweiterung des „Sich-Verantworten-Müssens" bis hin zu gerichtlichen Verfahren. In Hoch-Risikobereichen bleibt kaum ein Ereignis mit Schadensfolge (Personen- oder Sachschaden) ohne polizeiliche Erfassung und Ermittlung und zieht auch häufig strafrechtliche und zivilrechtliche Verfahren nach sich. Schlagzeilen wie „Frau stirbt in Lawine: Bergführer verurteilt" (merkur-online.de, 2012), oder „Bergführer wegen fahrlässiger Tötung verurteilt" (tirol.orf.at, 2012) sind zwei typische Beispiele hierfür.
Üblicherweise wird strafrechtlich untersucht, ob Fahrlässigkeit vorliegt. „Fahrlässig handelt, wer die Sorgfalt außer Acht lässt, zu der er nach den Umständen verpflichtet und nach seinen geistigen und körperlichen Verhältnissen befähigt ist und die ihm zuzumuten ist und deshalb nicht erkennt, dass er einen Sachverhalt verwirklichen könne, der einem gesetzlichen Tatbild entspricht (§ 6, StGB)" (Ermacora, 2000, S. 13). Im Prinzip geht es um das Sorgfaltsmaß, das ein besonnener und einsichtiger Mensch – eine Art von „Maßfigur" – in eben dieser Situation aufgewendet haben würde (vgl. ebd.).

Das setzt z.B. für Skitouren voraus: Kenntnis des aktuellen Lawinenlageberichtes, Prüfung vor Ort auf besondere Gefahrenzeichen sowie Planung und Durchführung der Tour entsprechend allgemein akzeptierter SOPs (z.B. der Risikoreduktionsmethode „Stop or Go" des Österreichischen Alpenvereins). Ist diese Sorgfaltspflicht erfüllt, dann entscheidet der Richter meist, entgegen der Anklage der fahrlässigen Tötung durch den Staatsanwalt, auf Freispruch – auch bei einem Todesfall bei Lawinenwarnstufe 3 (vgl. Ermacora, 2011, S. 33).

Was bedeutet das für die Verantwortung des Entscheiders? Vor Gericht ist der Entscheider in Hoch-Risikobereich grundsätzlich *nicht* ausschließlich *für das Ergebnis* seiner Entscheidung verantwortlich, sondern *vor allem für die Einhaltung eines Entscheidungsprozesses*, der dem aktuellen Wissensstand entspricht.

3. Forschungsleitende Unterfragestellungen

- Wie entscheiden die Entscheider in ihren Bereichen (Top-Management bzw. Hoch-Risiko)?
- Welche Entscheidungsmethoden (rational, intuitiv 1 oder 2, gemeinsam, Humble Decision Making) lassen sich wiederfinden?
- Werden Entscheidungs-Tools verwendet und wenn ja, welche?
- Wie ist die Wahrnehmung von und der Umgang mit Risiko, Unsicherheit und Druck?
- Wie wird Entscheidungswissen erworben?

4. Untersuchung

Der Autor hat 2010 eine Studie ebenfalls mit Leitfadeninterviews und qualitativer Inhaltsanalyse durchgeführt. Die folgende Darstellung der Erhebungsmethode und Auswertungsmethode folgt in der Gedankenführung und in den zitieren Textpassagen Plasser (2010 S. 46ff).

4.1. Erhebungsmethode und Vorgehensweise

4.1.1. Leitfaden-Interviews als wissenschaftliche Technik

Leitfaden-Interviews stellen eine qualitative Sonderform von sozialwissenschaftlichen Befragungen dar (vgl. Schnell, 2005, S. 386). Sie werden vor allem „zur Exploration, als Pre-Test, zur Hypothesenentwicklung, zur Systematisierung vorwissenschaftlichen Verständnisses" und „zur Analyse seltener oder interessanter Gruppen" (ebd., S. 387) eingesetzt.

Einer ihrer Vorteile liegt darin, dass sich so relativ einfach konkrete Informationen zum untersuchten Forschungsfeld gewinnen lassen. Durch den Leitfaden wird gewährleistet, dass in allen Interviews rudimentär ähnliche Daten gewonnen werden. Mit Hilfe des Leitfadens wird eine gewisse Struktur vorgegeben und sichergestellt, dass alle wesentlichen forschungsleitenden Unterfragestellungen im Interview angesprochen werden (vgl. Mayer, 2009, S. 37).

Der Leitfaden besteht aus offen formulierten Fragen. Die Respondenten können dadurch möglichst frei und ausführlich antworten und der Interviewer kann gegebenenfalls spezifische Aspekte durch interessiertes Nachfragen vertiefen (vgl. Flick, 2009, S. 114).

Als Kriterien für einen Leitfaden, der wissenschaftliche Kriterien erfüllt, gelten

- „die Nichtbeeinflussung der Interviewpartner,
- die Spezifität der Sichtweise und Situationsdefinition aus deren Sicht,
- die Erfassung eines breiten Spektrums der Bedeutungen des Gegenstandes
- sowie die Tiefgründigkeit und der personale Bezugsrahmen aufseiten des Interviewten." (ebd., S. 114)

Eine der Stärken von Leitfaden-Interviews ist der Einblick in Relevanz- und Bewertungsstrukturen und das Ausleuchten der Erfahrungshintergründe des Befragten (vgl. Schnell, 2005, S. 387).

Es wurden zwei grundsätzlich sehr ähnliche Leitfäden für die beiden untersuchten Bereiche (Top-Management und Hoch-Risiko) erstellt. Sie unterscheiden sich nur durch die Anpassung an spezifische Charakteristika des jeweiligen Bereiches. Die Struktur der gewählten Leitfäden weist eine gewisse Redundanz der Fragen auf. Ziel dieser Redundanz war es, zumindest *eine* Entscheidungssituation *möglichst detailliert* beschreiben zu lassen. In den Leitfäden stand für jede Hauptfrage ein Set von vertiefenden Fragen zur Verfügung, die optional, je nach Gesprächigkeit des Respondenten, eingesetzt wurden.

Die gewählte Vorgehensweise – möglichst viel freies Erzählen und sanfte Stützung durch interessiertes Nachfragen, begleitet von positiver non-verbaler Kommunikation – schuf weitgehend ein hohes Interesse und eine freundliche Mitarbeit der Befragten. „Menschen, die ihre Aufgaben gut erfüllen, genießen es, einem Publikum, das eine solche Erläuterung zu schätzen weiß, über ihre Tätigkeit zu berichten" (Klein, 2003, S. 29).

4.1.2. *Durchführung der Leitfaden-Interviews*

In Summe wurden 13 Interviews durchgeführt, sieben mit Führungskräften in der Wirtschaft und sechs mit Entscheidern im Hoch-Risiko. Die Nettozeit der Interviews betrug zwischen 27 und 94 Minuten, mit einer durchschnittlichen Länge von 47 Minuten.

Zu Beginn wurden die Respondenten über die Rahmenbedingungen des Interviews wie elektronische Aufzeichnung mit anschließender Transkription, durchgängige Anonymität, qualitative Auswertung und Veröffentlichung informiert. Die Respondenten stimmten diesen Rahmenbedingungen durchgängig zu. Einige Respondenten wiesen an spezifischen Stellen des Interviews noch einmal extra darauf hin, dass es ihnen hier wichtig sei, diese Stelle zu anonymisieren. Das scheint dazu beigetragen zu haben, dass auch vertrauliche Projekte und Entscheidungen angesprochen wurden.

Die Anonymisierung ist so umfassend wie möglich und berücksichtigt alle interviewten Personen, alle von diesen genannten Personen, außer Fachautoritäten und auch namentlich genannte Unternehmen oder Orte. Das angewendete Anonymisierungssystem ist einfach und zielführend zugleich: eine laufende Nummerierung mit dem Zusatz TM für Topmanagement oder HR für Hoch-Risiko. Mit dieser einfachen Codierung scheint gesichert, dass Leser die Respondenten nicht erkennen und die zitierten Aussagen nicht realen Personen zuordnen können.

4.1.3. Die Auswahl der Interviewpartner

Die Auswahl der Interviewpartner erfolgte nach zwei Hauptkriterien: 1) Passend für die Befragung und 2) persönlicher Zugang des Autors.

Ad 1) Passend für die Befragung:
In beiden untersuchten Bereichen wurden Respondenten mit langjähriger Erfahrung ausgesucht. Bei den Respondenten aus dem Top-Management waren die entscheidenden Selektionskriterien langjährige Managementerfahrung, d.h. mindestens zehn Jahre in der ersten Führungsebene (z.B. Vorstandsvorsitzende, Chairman, Geschäftsführer, Eigentümer), sowie eine entsprechende Größe des Unternehmens, um die Bezeichnung Top-Management zu rechtfertigen. Zwei der befragten Top-Manager sind Vorstandsvorsitzende in einem der Top-500-Unternehmen in Österreich. Mit Ausnahme eines eigentümergeführten Unternehmens machen die jeweiligen Unternehmen der Respondenten zwischen 50 und 450 Millionen Euro Umsatz pro Jahr und haben mindestens 100 bis 7000 Mitarbeiter.

Bei den Respondenten aus dem Hoch-Risiko wurden vor allem langjährig erfahrene Expeditionsleiter und Bergführer interviewt. Jeder einzelne der Befragten hat mindestens zehn Jahre Erfahrung im Hoch-Risikobereich. Es finden sich zwei Leiter von 8.000er-Expeditionen (jeweils auch zum Mount Everest) sowie zwei Mitentwickler von Risikomanagementsystemen im Bergsport darunter. Weiters wurde ein Leiter einer Strafvollzugsanstalt befragt, um auch andere Aspekte von Hoch-Risiko erkennen zu können.

Ad 2) Persönlicher Zugang:

Die gewählte Befragungsform erfordert meist einen persönlichen Zugang zu den Respondenten. Insbesondere Top-Manager haben einen sehr dichten Terminkalender. Ein wissenschaftliches Interview von ca. einer Stunde Dauer ist in ihren Terminkalendern nur schwer unterzubringen und ihre Assistenten sind darauf getrimmt, solche und ähnliche Anfragen sehr freundlich und doch sehr bestimmt abzuweisen. Daher wurden nur dem Autor persönlich bekannte Respondenten befragt. Dies ergibt eine Verzerrung in der Auswahl: Der Autor war und ist selbst in der Medien- und Agenturbranche tätig. Daher entfallen von den sieben Interviews im Top-Management auch sechs auf Medien- oder Agenturmanager. Es konnten leider keine großen Produktions- oder Handelsunternehmen gefunden werden, wo Entscheidungen möglicherweise auch anderen Einflüssen unterliegen.

Es wurden in Summe 22 potenzielle Interviewpartner angefragt, bei denen diese Kriterien erfüllt waren. Neun angefragte Interviewpartner haben entweder abgelehnt oder konnten das Interview im gewünschten Zeitfenster nicht ermöglichen.

4.1.4. Die Gesprächsleitfäden

Der Gesprächsleitfaden wurde zuerst für den Bereich Hoch-Risiko entwickelt und ausformuliert. Nach dem ersten erfolgreich durchgeführten Interview wurde die Übertragung auf das Top-Management vorgenommen. Alle Hauptfragen wurden an alle Respondenten gestellt. Die eingerückten Ergänzungsfragen wurden nur dann verwendet, wenn es zur Vertiefung notwendig erschien.

4.1.5. Vorbereitung der Auswertung

Alle durchgeführten Interviews wurden von einem professionellen Transkriptionsbüro transkribiert. Die Roh-Transkripte wurden vom Autor überprüft und redigiert. Damit wird gewährleistet, dass die Originalaussagen der Respondenten so gut als möglich erhalten bleiben.

Die Transkription ist ein wichtiger Schritt in der „Überführung des Gesprächsverlaufes in situationsunabhängige Daten" (Schnell, 2005, S. 389). Dabei liegt der Fokus darauf, die Auswahl von „markanten", „typischen", „verdeutlichenden" Gesprächsfragmenten" (ebd.) standardisiert zu ermöglichen. Jede Auswahl - somit auch diese – ist bei allen Bemühung um „Objektivierung" letztlich immer subjektiv. Diese spezifische Auswahl spiegelt – trotz des Bemühens um Neutralität und Distanz – letztendlich die durch vorgefasste Meinungen, Werte und Einstellungen des Autors gefilterten Verzerrungen wieder. Es kann hilfreich sein, die getroffene Auswahl vor dem Hintergrund der Rolle des Autors (siehe 1.1) und den persönlichen Zielsetzungen dieser Arbeit (Vertiefung und besseres Verständnis des gewählten Themas, um es für künftige professionelle Kontexte besser nützen zu können) zu lesen.

4.2. Auswertungsmethode

4.2.1. Die qualitative Inhaltsanalyse

Der Kern einer qualitativen Inhaltsanalyse ist „ja fast immer die Anwendung eines Kategoriensystems auf das zu untersuchende Material. Diese Kategorien müssen aber erst erarbeitet werden, müssen am Material ausprobiert werden. Das ist ein Hauptbestandteil inhaltsanalytischer Arbeit, ein

Vorgehen, das eindeutig qualitativer Art ist" (Mayring, 2008, S. 19).

Wie lässt sich ein möglichst valides Kategoriensystem erstellen? Dazu bieten sich nach Mayring folgende Basistechniken an: 1) Strukturierung, 2) Zusammenfassung und 3) Explikation (vgl. ebd., S. 57). Aufgrund der Struktur und der Fülle des vorliegenden Materials und der gewählten forsch-ungsleitenden Unterfragestellungen werden zwei Grund-techniken eingesetzt: die *Strukturierung* und die *Zusammen-fassung.*

4.2.2. Strukturierung

Aufgabe der Strukturierung ist das Filtern der bereinigten Transkripte und die Zuordnung zu den gewählten Kategorien. Alle Textteile, die sich auf eine spezifische Dimension des Entscheidens beziehen, wurden einer spezifischen Kategorie zugeordnet. Entsprechend dem qualitativen Vorgehen nach Mayring wurden ausschließlich inhaltliche Kategorien gebildet, die aus den Forschungsfragen abgeleitet, theoretisch begründbar oder neu und ergänzend sind. In einem weiteren Schritt wurden die Kategorien verfeinert, indem sie in differenzierte Ausprägungen aufgelöst wurden.

Im empirischen Teil der Arbeit finden sich konkrete Zitate aus den Interviews als „Ankerbeispiele" für die Kategorien und Ausprägungen, um bestimmte Aspekte hervorzuheben und zu dokumentieren (vgl. ebd., S. 82ff.).

Die Kategorien wurden mit einem induktiven Verfahren erstellt, bei dem sie „direkt aus dem Material in einem Verallgemeinerungsprozess" extrahiert wurden. Durch dieses induktive Verfahren wird nach einer „naturalistischen, gegenstandsnahen Abbildung des Materials ohne Verzerrungen durch Vorannahmen des Forschers" gestrebt (ebd., S. 75).

4.2.3. Zusammenfassung

Die Fülle des Materials macht eine Zusammenfassung notwendig, um es bearbeitbar und überschaubar zu machen. Dabei wurde darauf geachtet, dass die Zusammenfassung ein zwar verdichtetes, aber doch passendes Abbild des ursprünglichen Materials darstellt (vgl. ebd., S. 59).

Der erste Schritt der Zusammenfassung war eine Paraphrasierung der Originalzitate aus den Transkripten – die Bereinigung um „nichtinhaltstragende (ausschmückende) Textbestandteile". Im selben Arbeitsschritt wurde eine *Generalisierung*, also eine Angleichung des Abstraktionsniveaus und eine *Reduktion* durch Auswahl und Weglassung, vorgenommen (vgl. ebd., S. 61).

4.3. Darstellung der Ergebnisse

In diesem Abschnitt werden die zentralen Aspekte von Entscheidungen im Top-Management und im Hoch-Risiko dargestellt. Die Darstellung folgt der Struktur der forschungsleitenden Unterfragestellungen, die wiederum die Struktur der Inhaltsanalyse vorgibt. Es werden Ankerbeispiele aus den Interviews verwendet, um die bearbeiteten Punkte zu verdeutlichen, und um möglichst nahe am Original zu bleiben.

Die Ankerbeispiele sind einfach codiert: „TM" für Top-Manager und „HR" für Hoch-Risiko, dazu eine laufende Nummerierung von eins bis sieben sowie die Angabe der Zeilennummer. Diese Vorgehensweise wahrt die Anonymität der Befragten und ermöglicht zugleich die Auffindung der zitierten Passagen in den Transkripten. Als Beispiel: Die Codierung (HR 5/122) bedeutet „Respondent Hoch-Risiko 5 , Zeile 122 im Transkript". In Großbuchstaben gedruckt sind Wörter, die von den Respondenten besonders nachdrücklich betont wurden.

4.3.1. Wie entscheiden die Entscheider in ihren Bereichen?

4.3.1.1. Top-Management: Grundlagen des Entscheidens

Die ausgewählten Gesprächspartner sind alle auf der ersten Führungsebene angesiedelt. Daraus ergibt sich ihr Fokus auf strategische, mittel- und langfristige Entscheidungen, wie Weichenstellungen, die die Zukunft des Unternehmens oder des Konzerns betreffen, Akquisitionen und Investitionen, etc. Dabei geht es ihnen darum, die Zukunft des Unternehmens aktiv zu gestalten – auch in dem Bewusstsein, dass ein Nichtentscheiden genauso eine Weichenstellung sein kann, wie eine richtige Entscheidung oder eine Fehlentscheidung.

> *„Auch eine Nichtentscheidung kann dazu führen, dass man sich dann schwer tut, am Markt zu bestehen."*
> *(TM 4/34)*

Darüber hinausgehend wird nicht nur an die Entwicklung des eigenen Unternehmens gedacht, sondern auch in Richtung einer aktiven Entwicklung des Marktes und des Marktumfeldes, in dem das Unternehmen operiert.

> *„Ein Ziel ist, die Rolle unseres Geschäftsfeldes in der Zukunft aktiv zu gestalten. Mit der Zielsetzung für dieses Unternehmen, das ich leite, die nächsten, nicht Jahre, sondern Jahrzehnte zukunfts-fit zu sein."*
> *(TM 3/277)*

Zur Unternehmenssteuerung werden auch bewusst visionäre und zum Teil auch schwierig zu erreichende Ziele gewählt, um möglichst viele Kräfte zu mobilisieren.

„Kleinmütigkeit bringt nichts. Wenn du dir nicht ein Ziel setzt, das du eigentlich nicht erreichen kannst, dann brauchst du dir kein Ziel setzen." (TM 1/615)

Zu den Zielen gehören auch die Fundamentalziele – also der Themenkreis Ethik und Werte. Es wird laut den Aussagen der Führungskräfte immer wieder auf ethische Aspekte Rücksicht genommen. Und in einzelnen Fällen sogar bewusst ein möglicher Profit einer ethischen Grundhaltung geopfert.

„Es ging um viel Geld. Ich habe gesagt: ‚Diesen Auftrag kann ich aus grundsätzlichen Erwägungen nicht annehmen.'" (TM 1/742)

In welcher Haltung geht man an Entscheidungen heran? In vielen Fällen mit einem hohen Maß an Lösungsorientierung. Da die befragten Top-Manager alle einen weiten Erfahrungshorizont haben und schon viele Situationen erfolgreich gemeistert haben, ist mehrfach explizit eine lösungsorientierte Grundhaltung ausgeprägt.

„Das hat damit zu tun, dass ich eine eher lösungsorientierte Haltung habe, und sage: ‚So, und was machen wir jetzt damit? Wie kommen wir da heraus?'" (TM 3/244)

Die Auswahl der Respondenten für die Studie bestimmt weitgehend die Art der Entscheidungen, die sie treffen. Da durchgängig sehr erfahrene Entscheider der ersten Führungsebene befragt wurden, sind die wichtigsten Entscheidungen die sie treffen, auch langfristige und strategische Weichenstellungen. Sie setzen in ihren Unternehmen hochgesteckte Ziele, denken über Unternehmens- und Marktentwicklungen nach. Sie nehmen sich gelegentlich auch die Freiheit, ihren persönlichen Grundwerten zu folgen.

4.3.1.2. Top-Management: Entscheidungsprozesse

Die großen strategischen Entscheidungen unterliegen in vielen Fällen sehr sorgfältigen und elaborierten Prozessen. Eine klare Zieldefinition wird als eine Grundvoraussetzung gesehen. Es wird viel Aufwand in Informationsbeschaffung und Analyse gesteckt.

> *„Und da ist es wichtig, dass man Meinungen einholt, dass man den Sachverhalt gut aufbereitet und sich auch die Zeit nimmt, das Ganze zu durchdenken. Und dann, wenn man entschieden hat, es auch konsequent umsetzt. Und auch drauf bleibt, wenn es dann die eine oder andere Schwierigkeit gibt. Man muss die richtige Balance finden zwischen draufbleiben und zu entscheiden: Ist es noch realistisch? Ist es nicht mehr realistisch?"* (TM 7/312)

Als ebenso wichtig wird eine kraftvolle Umsetzung gesehen – immer mit Benchmarks im Auge, ob die Umsetzung auch innerhalb der vorgegebenen Bandbreite der Erwartungen erfolgt, oder ob nachjustiert werden muss.

Als zum Entscheidungsprozess gehörig wird auch das Finden von Alternativen gezählt. Dieser Prozess ist – auch im Sinne der oben angesprochenen Lösungsorientierung – ein Kernschritt.

> *„Ich versuche immer in Alternativen zu denken. [...] Wenn es eine Entscheidungssituation gibt, dann denke ich mir immer noch: Was ist die Alternative? Und sage mir auch: Es gibt IMMER eine Alternative."* (TM 7/58)

Respondent TM 2 beschreibt detailliert die vier Szenarien einer Entscheidung, bei der es um die Suche eines Partners für einen Joint Venture von ca. 70 Mio € Investitionsvolumen ging. Die Szenarien und ihre wichtigsten Gegenargumente werden verkürzt und anonymisiert dargestellt, um zu zeigen, wie rasch und klar die Vorentscheidung zwischen Szenarien auf Basis von Vorannahmen und Werthaltungen auch bei Großprojekten sein kann.

Szenario	Reason Why Not – Gefahren
Nichts tun, kein Investor	Gefahr eines *Unfriendly Take-Over*
Internationaler Großinvestor	Drohender Verlust der Kontrolle
Technisch-strategischer Investor	Verpflichtung zur Verwendung der Produkte des Investors
Lokaler Finanzinvestor mit 49 %	*Reason Why für diese Option*: Keine dieser Gefahren

Tab. 2: Verdichtete Darstellung von vier strategischen Szenarien (Extrakt aus TM 2/470-590).

Zu den Standards der Vorbereitung einer Entscheidung gehört auch das Abschätzen der Chancen und Risiken.

> *„Da gilt es erstens einmal die Risiken abzuschätzen: Was bedeutet das? Welche Gefahren gehen damit einher?" (TM 2/141)*

Auch bei aller Sorgfalt kann sich das gewählte Szenario anders entwickeln als geplant. Daher werden ein stetes Monitoring und eine Kontrolle der Entwicklungen als wichtig angesehen. Nur dann kann entsprechend nachjustiert werden oder auch die Entscheidung rückgängig gemacht werden, auch wenn damit

Investitionen verloren gegeben werden müssen. Diese Art von Entscheidung fällt in keinem Fall leicht, da zwei unangenehme Aspekte damit verbunden sind: 1) das Eingeständnis, dass man sich geirrt hat und 2) die Realisierung von Verlusten.

> *„Es gibt einige Entscheidungen, wo sich die Dinge anders entwickelt haben, als man es bei der Entscheidung angenommen hat. Wir haben gesagt, wir entscheiden jetzt einen Businessplan. Und dann entwickeln sich die Dinge deutlich anders, als man das geplant hat. Da muss man auch die Ehrlichkeit haben, zuzugeben, dass es jetzt anders ist. Und dass es nicht so funktioniert, wie man geplant hat. Dann hat man jetzt zwei Möglichkeiten: Man kann stur am ursprünglichen Plan festhalten und sagen: ‚Eigentlich ist es immer noch ein guter Plan, aber nur die Welt hält sich halt nicht dran.' Oder man sagt: ‚Okay, das funktioniert nicht.' Und dann muss man auch die Konsequenz haben, wenn es nicht funktioniert, auch das Ding wieder zu schließen oder auszusteigen."*
> *(TM 7/86)*

Aber im Grunde sind es die Güte und Sorgfalt der Entscheidungs*prozesse*, die die Güte der Entscheidungen bestimmen. Die Gestaltung der Entscheidungsprozesse hat somit wesentlichen Einfluss auf die Entscheidungsqualität.

> *„Gute Entscheidungen, von denen hier die Rede ist, die unter Unsicherheiten erfolgen und mit Risiken behaftet sind, die entstehen eher in einem klaren Entscheidungsprozess."* *(TM 5/216)*

4.3.1.3. Hoch-Risiko: Grundlagen des Entscheidens

Auch hier gilt: Die ausgewählten Entscheider sind alle länger als zehn Jahre in ihrer Entscheidungsfunktion in Hoch-

Risikobereichen aktiv und somit sehr erfahren. Sie haben alle einen Reifungsprozess durchlaufen, der in vielen Fällen mit einer persönlichen Zurücknahme und mehr Gelassenheit verbunden war. Direkt angesprochen werden langfristige Ziele nicht. Als langfristige Ziele in diesen Bereichen wären z.B. denkbar: „Ich möchte auch in 20 Jahre noch gesund Bergtouren führen und machen" oder „Ich will mit meinen Entscheidungen Unfälle vermeiden, um meinen Beruf weiter ausüben zu können". So explizit wird das von keinem der Befragten ausgesprochen. Es lässt sich allerdings implizit aus den Fundamentalzielen herauslesen – das, worum es ihnen bei ihrem Entscheiden letztendlich geht.

Bei den befragten Bergführern sind es nicht ausschließlich die Gipfel, die zählen, sondern es ist vor allem auch die Unversehrtheit der Teilnehmer.

> *„Dass das Wichtigste nie der Gipfel selber ist, sondern das Herunterkommen von oben, wenn man unten wieder ins Flugzeug einsteigt." (HR 6/284)*
> *„Für mich war in DER Situation das Wichtigste, die Gruppe geschützt zu wissen." (HR 1/38)*

Diese Haltung ist möglicherweise auch das Ergebnis eines persönlichen Reifungsprozesses. Im Zuge des Heranreifens haben sich Werte und Einstellungen verschoben. Weg von der Leistungsorientierung hin zu einer Neuausrichtung an anderen Werten.

> *„Was ist Erfolg? Ist Erfolg, wenn alle gesund unten ankommen oder wenn wir auf dem Gipfel stehen? Für mich ist es eher das Erste, dass man gesund wieder unten ankommt. Das ist das eigentliche Ziel. Und eine lässige, erlebnisreiche, tolle, befruchtende, verbindende Zeit gehabt hat. Ob man jetzt auf dem Gipfel*

war oder nicht, das ist für mich NICHT mehr so
wichtig." (TM 5/701)

Diese Neuausrichtung ist nicht immer nur leicht und selbstverständlich. Alte und neue Ziele müssen innerpsychisch ausverhandelt und ausargumentiert werden. Und es bleiben auch hehre und hochgesteckte persönliche Ziele auf der Strecke. Ein Expeditionsleiter illustriert dies anhand der höchsten, zu diesem Zeitpunkt jemals durchgeführten Liegendbergung eines verletzten Teilnehmers aus 7.500m am Cho Oyu. Die gängige – und auch verführerische – Meinung zu dieser Zeit war: Aus dieser Höhe kann man einen nicht-gehfähig Verletzten nicht ins Tal bringen. Derart Verletze lässt man zum Sterben zurück.

In dieser Entscheidungssituation verdichten sich viele Aspekte: die gängige Meinung, die eigenen Wünsche, Hoffnungen und Träume, sowie ethische Fragen mit der Verantwortung dem verletzten Teilnehmer gegenüber. All das findet auch noch unter extrem ungünstigen Rahmenbedingungen mit insbesondere durch den Sauerstoffmangel in großen Höhen verlangsamten und eingeschränkten Denkprozessen statt.

„Mein Ziel war, ich möchte auf diesen 8000er. Das hat
dann sicher eine Stunde gebraucht, bis ich gewusst
habe, es geht nicht mehr um den Gipfel. Das Ziel, auch
auf dem Gipfel oben zu stehen, das muss ich
aufgeben. Es geht NUR darum, dass wir den verletzten
Teilnehmer abtransportieren. Das ist ja wenig rühmlich,
weil ich eine Stunde gebraucht habe, um mich von
dem Einen zu verabschieden und das Andere ganz in
seiner ganzen Tragweite zu realisieren. Und aus
jetziger Sicht hat das auch wegen des
Sauerstoffmangels so lange gedauert. Es ist einfach

so, dass da oben kognitiv alles nicht so schnell geht."
(HR 5/385)

Solche Aufgaben und die damit verbundenen Konflikte münden in einer Neuorientierung, einer ethischen Neuausrichtung.

> *„Das Zwischenmenschliche ist für mich mittlerweile viel wichtiger als Leistung. Das hat sich schon verschoben.*" *(HR 6/439)*

Gute Entscheidungen kommen dann zustande, wenn sie in erster Linie im Dienst der Sache getroffen werden und von allen getragen werden können. Sie sollten auch ausreichend erwogen, abgewogen sein. Zusätzlich wird hier auch schon das Lernen aus Fehlern, eine positive Fehlerkultur angesprochen.

> *„Dass [die Entscheidung] im Interesse der Aufgabe, der Verantwortung, die man hat, getroffen wird. Dass das Gruppeninteresse berücksichtigt ist und nicht nur das eigene Interesse. Dass man sich in den Dienst der Aufgabe stellt.*" *(HR 2/311)*

Der Aspekt des „von allen getragen werden können" wird von den Respondenten aus dem Hoch-Risiko sehr häufig angesprochen. Das kann mit der Unmittelbarkeit von Bedrohungen, dem daraus resultierenden Sicherheitsbedürfnis von Teilnehmern aber auch mit einer besonderen Art von Schicksalsgemeinschaft zusammenhängen. Der Entscheider und die von den Auswirkungen Betroffenen sind mit der Entscheidung oftmals stark aneinander gebunden. Es kann z.B. direkte Abhängigkeiten vom Leiter und seinen Kenntnissen und seinem Wissen geben. Und es gibt zumeist auch unmittelbare Feedback-Schleifen in der Gruppe: Der Leiter muss mit allfällig negativen Stimmungen in der Gruppe unmittelbar leben und sie können sein weiteres Vorgehen behindern oder gar unmöglich machen.

4.3.1.4. Hoch-Risiko: Entscheidungsprozess

Die Entscheidungsprozesse sind hier anders gelagert, da meist die einzelne Unternehmung für sich steht und separat geplant wird. Aber im Prinzip zählen auch hier eine Analysephase, meist Recherche genannt, sowie eine solide Planung und Vorbereitung, bei der man sich auch mit den eigenen Möglichkeiten, den Möglichkeiten der Teilnehmer sowie den verschiedenen Möglichkeiten der Umweltzustände beschäftigt. Dazu werden verschiedene Szenarien entworfen: Wenn es die Umstände erlauben, dann Plan A, sonst Plan B.

> *„Es beginnt eigentlich schon bei der Planung, dass ich entscheide, wo führe ich die Tour durch. [...] Wo sind die Schlüsselstellen? [...] Wo könnte es haarig werden, wenn die Verhältnisse nicht passen? Wenn es keinen Plan B gibt, oder sich keiner anbietet." (HR 2/64)*

Und man ist sich der Bedeutung einer sorgfältigen Vorbereitung für das Gelingen sehr bewusst.

> *„Ich glaube schon, dass ganz viel im Vorhinein richtig oder falsch gemacht werden kann. Planung und Vorbereitung ist etwas ganz, ganz Entscheidendes."*
> *(HR 5/693)*

Ein wesentlicher Aspekt im Hoch-Risiko ist die vorausschauende Planung der Risikoklasse, die man sich und den Teilnehmern zumutet.

> *„Die wichtigste Entscheidung ist sicher die erste, die Auswahl der Tour: Das Ziel wählen und damit bereits eine Vorentscheidung über den Risikobereich treffen, in den ich eintreten will." (HR 4/52)*

Für die Umsetzung ist häufig klar, dass es das Wohlwollen und oft auch die Unterstützung von anderen braucht.

> *„Das Gelingen einer Entscheidung liegt in der Aufbereitung der Entscheidung, im Einbinden der Betroffenen, in einer Rollenklarheit. Und in der Bereitschaft, als Führungskraft Entscheidungen dann auch zu treffen [… und] sie auch zu verantworten."*
> *(HR 3/208)*

Vorbereitung und Umsetzung von Entscheidung sind zentrale Aspekte. Wesentlich für das zunehmend häufige Gelingen von Entscheidungen im institutionellen Hoch-Risiko ist auch eine Analyse und Reflexion von ungewünschten Ergebnissen, um Prozesse zu verbessern.

> *„Das hat dazu geführt, dass wir das ganz intensiv nachbesprochen haben. Und uns eine neue Form der Alarmierung zurechtgelegt haben. Und auch strengere Regeln aufgestellt haben: Wie gehen wir mit Aufgaben und Rollen in solchen Krisensituationen um?"*
> *(TM 3/79)*

In den kleineren Zeithorizonten ist aber dennoch deutlich erkennbar: Die klassischen Prozessschritte für Entscheidungen werden von erfahrenen Entscheidern im Hoch-Risiko bei größeren Unternehmungen meist durchlaufen, mit einem starken Fokus auf die Vorbereitung und Planung.

4.3.2. Entscheidungsmethoden

Besonderes Augenmerk bei der Auswertung galt den eingesetzten Entscheidungsmethoden. Die zahlreichen beschriebenen Entscheidungssituationen wurden systematisch mit Blick darauf durchforstet, welcher Entscheidungsmethode sie am ehesten zuzurechnen sind.

Rationales Entscheiden ist bei beiden Gruppen sehr eng mit dem jeweiligen Entscheidungsprozess verknüpft. Zu rationalem Entschieden gibt es, außer der im vorangegangen Abschnitt dargestellten Bedeutung guter Prozesse und ihrer Kernschritte, kein weiteres Datenmaterial in der Erhebung. Dies gilt für beide untersuchte Respondentengruppen.

Humble Decision Making (HDM) ist bei vielen der Top-Manager eine Grundroutine, die sie vor allem bei großen und wichtigen Entscheidungen sowie beim Entscheiden unter Druck einsetzen. HDM wird daher im Abschnitt „Umgang mit Druck" (siehe 4.5.5.3) behandelt.

4.3.2.1. Top-Manager: Intuitive Methoden (1) – empirisch

Diese Methode gibt sich am schwersten zu erkennen. Für diese Methode scheint es wenig Bewusstsein zu geben oder sie wird nicht angewendet. Einer der Manager spricht aber explizit den Prozess der Überführung von Erfahrung in „Gefühl", also Intuition, an.

> *„Gefühl entwickelt man, wenn man entsprechende Erlebnisse aus der Vergangenheit und Erfahrungen zusammenfasst und dann in eine Entscheidung ein-fließen lässt." (TM 2/147)*

4.3.2.2. Top-Manager: Intuitive Methoden (2) – innere Stimme

Etwas umfangreicher ist das Material zu Intuition (2). Einer der Respondenten beschreibt mit seinen Worten den Prozess der Nutzung des unbewussten Wissens und Denkens.

> *„Und es dann über eine gewisse Zeit, z.B. über eine Nacht, eine Woche, abzuwägen. Es ins Hirn sickern zu lassen. Und erst auf den letzten Drücker eine Entscheidung herbeizuführen." (TM 3/154)*

Es werden auch andere Dimensionen dieser Art von Intuition (2) angesprochen –
einerseits die innere Klarheit und andererseits das „Unlernbare" daran. Dieser Aspekt ist es, der die Intuition und auch seinen Träger zu etwas Besonderem macht: etwas, das man hat oder eben nicht.

> *„Das war so eine innere Klarheit." (TM 5/175)*
> *„Das ist eine Gefühlssache, eine Einschätzungssache, die kann man nicht lernen." (TM 6/695)*

4.3.2.3. Top-Manager: Gemeinsam

Sehr umfangreich sind die Aussagen zum Thema gemeinsam entscheiden – obwohl danach im Leitfaden nicht explizit gefragt wurde. Das Mitwirken anderer beginnt schon früh im Entscheidungsprozess, indem die Führungskräfte aktiv die Meinung anderer suchen – und dazu wird gelegentlich auch die Meinung von Menschen mit spezifischen Erfahrungen gesucht.

> *„Man sollte ja vorsichtige Leute fragen. Die allerbesten Leute, die sind die, die auch schon falsche Entscheidungen getroffen haben, dann kann man das besser einschätzen." (TM 4/395)*

Diese Meinungsfindungsprozesse sind auch strukturell eingebettet und können tatsächlich etwas verändern.

> *„Es gab wöchentliche Direktionssitzungen. Bei Entscheidungen wurden alle gefragt: Was sagt ihr dazu? [...] Wer weiß was dazu?" (TM 1/591)*
> *„Da sind durchaus verschiedene Meinungen gekommen, und auch gute Argumente. Und wenn die Argumente gut waren: Gut, dann machen wir es anders." (TM 1/599)*

Einer der wichtigsten Gründe, warum andere und vor allem Betroffene bis hin zu allfälligen Eigentümern eingebunden werden, ist, dass erwartet wird, dass diese dann auch konstruktiver an der Umsetzung mitwirken.

> *„Dass die Entscheidung auch von den wesentlichen Spielern, die sie dann auch umsetzen müssen, getragen wird. Ich halte wenig von ganz einsamen Entscheidungen." (TM 7/367)*

> *„Es ist für mich unglaublich wichtig, zu sagen: Okay, wir haben verschiedene Meinungen, aber die Mehrheitsmeinung ist diese. Und daher machen wir das jetzt und stehen auch alle dazu. Um zu verhindern, Handlungen hervorzurufen, die dazu geeignet sind, die Entscheidung, mit der man nicht einverstanden war, zum Scheitern zu bringen. Also eine negative Energie zu generieren." (TM 2/366)*

Es gibt auch so etwas wie ein „Gefahrenbewusstsein" zum Thema gemeinsam entscheiden – dass irgendwann alles zerredet wird und Projekte in Bedenken ersticken.

> *„Und je mehr man diskutiert, desto unsicherer wird man. Weil dann sieht man nur noch Gefahren, was alles schiefgehen könnte, z.B. wenn man mit einem Rechtsanwalt arbeitet. Und dann muss man aber irgendwann einmal sagen: Okay, jetzt unterschreiben wir es trotzdem [...]" (TM 7/215)*

Die Einbindung anderer hat also vielfältige Ziele und Hintergründe: vom Verbreitern des Meinungsspektrums über die Absicherung von Positionen bis hin zur Vorbereitung einer erfolgreichen Umsetzung durch Einbindung.

4.3.2.4. Hoch-Risiko: Intuitive Methoden (1) – empirisch

Gerade in schwierigen Situation entscheiden diese Entscheider mit sehr reduzierten, geradezu minimalistischen Strukturen, so wie sie auch als Fast & Frugal Heuristics beschrieben werden.

> *„Wenn ich [unter Druck] entscheiden muss, dann reduziere ich meine Parameter auf die für mich wichtigsten. ‚Worauf muss ich auf jeden Fall achten, wenn ich das entscheide?' Und ich entscheide dann aufgrund weniger Aspekte. Sonst würde ich aufgrund mehrerer Aspekte entscheiden, und so reduziere ich auf das, wo ich glaube, das MUSS bedacht werden."*
> *(HR 2/347)*

Ebenfalls eine Art von Fast & Frugal Heuristics lässt sich anhand der folgenden Entscheidungsstruktur erkennen, bei der nur zwei Fragen abgearbeitet werden.

> *„Das sind für uns die zwei Regeln: Höheres Sicherheitsbedürfnis gilt und das Prinzip der Letztverantwortung für den Leiter des Ganzen."*
> *(HR 5/515)*

4.3.2.5. Hoch-Risiko: Intuitive Methoden (2) – innere Stimme

Dank eines hohen Grades von Reflexion und Selbstreflexion über eine Vielzahl von Ereignissen hinweg sind Entscheider sich des Phänomens der wiederkehrenden Muster bewusst, wie sie im RPD – Recognition Primed Decison Making beschrieben werden. Durch diese Wiedererkennung können sie Situationen rasch erfassen und einschätzen und auch rasch passende Entscheidungen treffen.

> *„Die Situationen haben Muster und gewisse Muster kehren immer wieder. Und irgendwann einmal weiß man aus seinem Erfahrungsschatz, aus dem Repertoire heraus: In so einer Situation hat sich das*

bewährt und jenes ist mit diesem Risiko verbunden."
(HR 2/349)

Einige der Entscheider im Hoch-Risiko kennen auch diese Art von Gefühl und innere Stimmen, wo „der Bauch" zu ihnen spricht. Auch weil diese Intuition über viele Jahre der Erfahrung gewachsen ist.

> *„Weil ich aus der Erfahrung heraus intuitiv entscheide. Ich vertraue sozusagen mir selbst. Und ich habe diese innere Sicherheit, dass ich weiß, dass ich mit allen Situationen, die bisher vorgekommen sind, gut zurechtgekommen bin." (HR 2/99)*

Warum die Intuition „mehr wissen" kann, auch das wird zumindest in Ansätzen reflektiert: die weitgehend unbewusste Aufnahme von Reizen und deren ebenso unbewusste Verarbeitung.

> *„Also die Intuition ist für mich der unbewusste Teil, der einfach hundert oder tausend Mal mehr Informationen aufnehmen und verarbeiten kann. Das ist dann so ein Ganzkörpergefühl, irgendwo auch im Rumpf, im Bauch. Aber das ist etwas, wo ich sage: Ja, das spüre ich dann einfach." (HR 5/263)*

Die Vorteile von intuitiver Einflüsterung werden in deren hoher Geschwindigkeit und der inneren Klarheit gesehen, die sich da einstellt.

> *„Wenn man solche Entscheidungen [Rückzug aus Gefahrenzone] trifft, dann trifft man die wohl rational. Aber das Gefühl treibt einen bei solchen Entscheidungen wesentlich weiter und wesentlich SCHNELLER. Durch das Gefühl wird es eine unheimlich KLARE Situation." (HR 6/323)*

4.3.2.6. Hoch-Risiko: Gemeinsam

Die Aspekte des Gemeinsamen beim Entscheiden im Hoch-Risiko liegen nicht so klar und eindeutig wie im Top-Management. Vor allem, wenn es um Sicherheitsfragen geht, sei das demokratische oder gar basisdemokratische Abstimmen einer Entscheidung fehl am Platz.

> *„Wenn es um die Sicherheit geht, werde ich nicht die Teilnehmer entscheiden lassen. Das ist etwas, wo ich sage, ich habe die Verantwortung für die Leute. Das entscheide dann ich, was wir jetzt machen."*
> *(HR 2/447)*

Ein Befragter bringt – hoch reflektiert – sehr stark einen ganz besonderen Aspekt ein: Es gehe ja nicht darum, dass alle (basisdemokratisch) mitentscheiden, sondern es gehe vielmehr darum, die anderen, auch die weniger erfahrenen Teilnehmer zum Mitwahrnehmen und Mitdenken zu nützen. Dazu bedient er sich moderner Metaphern und Erkenntnisse, wie der Spiegelneuronen und der „vernetzten Gehirne", die eine starke Gewissheit schaffen können. Wie dieser komplexe Prozess funktionieren kann, beschreibt er im Detail wie folgt:

> *„In der Kommunikation mit meinem Partner oder durch Kommunikation in der Gruppe: Das ist dann der Weg, dass man aus dem Einzelkämpfertum weggeht [..] Auch als Führer gehe ich da in die Kommunikation. Nicht, dass irgendeiner meiner Gäste Entscheidungen trifft. Aber egal, was der sagt oder wie kompetent das ist, ich merke einfach in dem Hin und Her, in dem sprachlichen Rhythmus, der da entsteht, durch Wiedergabe von Beobachtungen und Einschätzungen, da reift oder entsteht auch eine Frequenz, aus der heraus dann eine Entscheidung klar ist. [...] Ich höre sozusagen mich selbst sprechen und sehe, wie das bei*

den anderen spiegelneuronenmäßig, ankommt. Und was er darauf sagt, wie der darauf reagiert und aus diesem Dialog oder aus dieser Kommunikation heraus habe ich das Gefühl, da kann so etwas entstehen, wie ein Wahrheitsinstrument oder ein Wahrheitsfind-ungsinstrument, wo plötzlich dann in dem Hin und Her - das kann oft ein paar Minuten dauern - plötzlich so etwas wie Wahrheit sichtbar wird. Und das ist dann die Entscheidung. [...] Eine Gewissheit und eine Art Überzeugung für die richtige Entscheidung."
(HR 4/358)

Ähnlich kann in vielen Fällen (außer bei Gefahr für Leib und Leben) auch die Aufgabe darin bestehen, die Entscheidungsfindung zwischen den Teilnehmern zu moderieren.

> *"Vielleicht geht es oft auch gar nicht darum, dass du eine Entscheidung triffst, sondern darum, dass du einen Entscheidungsprozess im Team moderierst."*
> *(HR 5/660)*

Es wird sehr wohl auch an eine Trennung von Informationsbeschaffung, Informationsverarbeitung und Entscheidung gedacht bei den gemeinsamen Prozessen. Die Entscheidung verbleibt dann wieder beim erfahrenen Experten, der zusätzliche Kenntnisse hat und mehr Erfahrungen einbringen kann.

> *"Es kann vorkommen, dass ich dann trotzdem sage, ich als Leiter, aufgrund meiner Funktion, weil ich die LETZT-Verantwortung habe, möchte ich diese Entscheidung jetzt so treffen. Auch wenn ich weiß, dass vielleicht ein Großteil des Teams das gerne anders hätte."* *(HR 5/495)*

4.3.3. Entscheidungs-Tools

Im Zuge der Interviews wurden alle Befragten mehrfach nach dem Einsatz von Entscheidungs-Tools gefragt. Die Frage nach den Tools wurde im Interview wiederholt gestellt, und zwar immer dann, wenn die Respondenten eine konkrete Entscheidungssituation erzählt haben. Mit Tools sind in diesem Zusammenhang standardisierte Entscheidungsinstrumente gemeint, so wie sie in der Literatur beschrieben werden. Im Management wären SWOT-Analyse, Entscheidungsmatrix etc. als einfache Entscheidungs-Tools denkbar, im alpinen Hoch-Risiko zum Vergleich „Stop or Go" oder auch „risflecting" [sic!].

Die Ergebnisse zu diesen Fragen waren aus Sicht des Autors eher spärlich, sowohl im Top-Management als auch im Hoch-Risiko. Das könnte damit zu tun haben, dass es Vorannahmen der Respondenten gab, was damit gemeint sein könnte, die sich nicht mit den Vorannahmen des Autors decken. Es könnte auch damit zusammenhängen, dass die Respondenten ihre Tools so selbstverständlich anwenden, dass sie sich dessen nicht so recht bewusst sind. Es ist auch denkbar, dass sie tatsächlich kaum Tools im vom Autor gemeinten Sinn verwenden.

Einige Hinweise auf den Einsatz von Entscheidungs-Tools zu Erleichterung bei der Entscheidungsfindung lassen sich dennoch erkennen.

4.3.3.1. Top-Management: Tools

Einer der Top-Manager verwendet die klassische Form von Franklins „Prudential Algebra", also eine Liste mit einer Bewertung der Kriterien.

> „[Ich nutze] technische Hilfsmittel, indem ich eine Tabelle aufschreibe mit plus/minus, Vorteile/Nachteile,

auch anderen Kriterien. Zunächst einmal wild und ungeordnet, in einer zweiten Phase dann geordnet. Um Struktur in komplexere Entscheidungsprozesse zu bringen." (TM 2/254)

Es gibt auch Hinweise darauf, dass Tools in der Aufbereitung der Entscheidung, in der Analysephase von den Entscheidungvorbereitern eingesetzt werden.

„Ich bin gelernter Banker und versuche, das auf eine ganz einfache Zahl zurückzuführen. Z.B.: Wie viel kann ich pro Stück Umsatz machen, irgendwann?"
(TM 4/429)

Die Einfachheit und Schlichtheit dieser Tools wird von denjenigen, die sie verwenden, geschätzt.

„Das hilft dann manchmal." (TM 2/254)
„Es ist dann für mich nicht so wichtig, dass ich 27 Szenarien berechne. Das ist einfach zu komplex."
(TM 4/433)

Am häufigsten jedoch finden sich Hinweise auf den Einsatz von *Worst-/Best-Case*-Szenarien, die dabei helfen, die Risiken und die Chance von verschiedenen Alternativen abzuschätzen.

„Was ist das Worst-Case-Szenario, was ist ein realistisches Szenario, was ist das Best-Case-Szenario?" (TM 7/409)

4.3.3.2. Hoch-Risiko: Tools

Im Hoch-Risiko-Bereich liegt eine Spezialsituation vor. Hier wurden zwei Entwickler von alpinen Entscheidungs-Tools befragt. Diese weisen natürlich auf ihre und ähnliche Tools hin. Bei allen anderen gibt es keine expliziten Hinweise auf den

Einsatz eines standardisierten Tools zur Entscheidungsfindung in risikoreichen Situationen.

Worin der Nutzen eines Tools bei Lawinengefahr besteht, erklärt sein Entwickler:

> *„Ich glaube, der Mensch kann die Lawinengefahr nicht erkennen oder nur in sehr seltenen Fällen sie ERKENNEN. Er kann immer nur ein gewisses Maß an Gefahr annehmen, aber es fehlt uns die Einsicht wirklich eine Prognose abzugeben: ‚Geht jetzt eine Lawine ab oder nicht'. Und damit sind wir darauf angewiesen, eine Risikoabwägung zu machen. Und dazu brauche ich das Know-how oder diese Strategien im Umgang mit der Lawinengefahr." (HR 4/129)*

Die Wahrnehmungsmöglichkeiten des Menschen mit seinen Sinnen und auch die Erkenntnismöglichkeiten seines Verstandes sind also nicht in der Lage, die Komplexität des Lawinengeschehens wahrzunehmen und zu erkennen. Es bedarf daher eines Umweges über ein standardisiertes Tool, das auf der statistischen Analyse von Lawinenereignissen aufsetzt, um eine einigermaßen abgesicherte Risikoprognose zu erstellen. Das Ergebnis ist immer ein – ungefähres – Kalkül.

> *„Beim Skitourengehen mache ich meine Risikoabwägung, z.B. mit ‚Stop or Go' oder der Reduktionsmethode. Ich hole mir die Gefahrenstufe her: ‚Heute ist Stufe drei.' Ich schaue mir die Hangneigung und die Exposition an. Ich schaue mir auch die Schneeoberfläche an - verspurt oder unverspurt? Und komme so zu meiner Risikoabwägung. Und das Ergebnis ist ja nicht Sicherheit, das Ergebnis ist ein Risikokalkül." (TM 4/601)*

Doch das Ergebnis – nicht in jedem Einzelfall, aber in einer statistischen Auswertung über die Gesamtheit der beobachtbaren Fälle – zeigt eine gute Erfolgsbilanz.

> *„Heute kann man es statistisch auch ganz gut belegen, dass die [Tools] in den MEISTEN Fällen zu einem guten Ergebnis führen." (TM 4/754)*

4.3.4. Wahrnehmung von und Umgang mit Risiko

Risiko ist unterschiedlich definiert: einerseits als berechenbares Knight'sches Risiko mit Schaden mal Eintrittswahrscheinlichkeit und andererseits als der Schaden, der eintreten kann, als das was man aufs Spiel setzt. Die Respondenten wurden im Zuge der Interviews nach ihrer Definition von Risiko gefragt und zusätzlich auch danach, was das Schlimmste sei, das bei einer Entscheidung passieren kann, um so das Bewusstsein für den maximal möglichen Schaden zu erheben.

4.3.4.1. Top-Management: Risikoverständnis

Im Management bestehen beide Risikobegriffe nebeneinander. Es scheint eher zufällig, welcher Risikobegriff angewendet wird.

> *„Risiko ist eine Wahrscheinlichkeit, dass gewisse Dinge eintreten oder nicht eintreten." (TM 2/119)*
>
> *„Risiko ist eine Abweichung der Realität von einem von mir als erwünscht und auch realistisch eingeschätzten Fall oder Plan." (TM 5/30)*

Der maximal mögliche Schaden wird auf zwei Ebenen gesehen: einerseits auf der Ebene des Unternehmens und anderseits auf der persönlichen Ebene, was meist eine Ablöse aus der derzeitigen Funktion bedeuten würde. Auf der Unternehmensebene gibt es Abstufungen von finanziellen Verlusten bis hin zum – im allerschlimmsten Fall – Konkurs.

„Das größte Risiko eines Unternehmens ist sicher der Konkurs." (TM 6/352)

„Dass das Geschäftsmodell nicht aufgeht und dass man einen negativen kaufmännischen Impact hat. Und das kostet im Zweifel ein paar Millionen Euro [...] und das heißt dann auch Personalabbau." (TM 3/37)

Auf der persönlichen Ebene drohen schlimmstenfalls die Vertragsauflösung und die Entbindung von der aktuellen Funktion, wenn sich die Anzahl der Entscheidungen häuft, die nicht geglückt sind.

„Das größte Risiko, das ich persönlich habe ist, dass mein Aufsichtsrat sagt, das ist jetzt zu viel an schlechten Entscheidungen. Und wir bestellen nicht weiter oder wir lösen den Vertrag auf." (TM 7/447)

4.3.4.2. Top-Management: Umgang mit dem Risiko

Für Risiko kann man auch temporär und situationsbezogen blind sein, indem das Risiko verborgen bleibt und trotz Recherche in der Vorbereitung nicht erkannt wird.

„Es gibt schon Risiken, die man eingegangen ist, ohne es zu merken, dass es ein Risiko ist." (TM 1/802)

Der klassische Umgang mit dem Risiko im Management ist jener, sich das Worst-Case-Szenario anzusehen und sich zu fragen, ob auch das Eintreten dieses Szenarios für das Unternehmen verkraftbar scheint.

„Man sollte nur Risiken eingehen, die auch in einer Worst-Case-Betrachtung nicht zu einer substantiellen Gefährdung des Unternehmens führen." (TM 7/469)

Wenn man sich bewusst ist, dass man vor einer Entscheidung mit beträchtlichem Risiko steht, dann scheint es noch mehr

Sorgfalt in der Vorbereitung zu geben. Zusätzlich wird versucht, das Risiko weitgehend auszuschalten, zu minimieren.

> *„Risikoentscheidungen werden breiter im Unternehmen aufgesetzt und sicher auch mehr reflektiert. Allein dadurch, dass das im Aufsichtsrat diskutiert wird, kommt es schon zu einem anderen Grad der Aufbereitung und Reflexion. Da werden die Szenarien dargestellt, wobei dies dann typischerweise auch mit dem Worst-Case diskutiert wird. Also sicher ist eine Risikoentscheidung wesentlich breiter aufbereitet als eine Routineentscheidung.“ (TM 4/74)*

> *„Natürlich versucht man, das Risiko so weit wie möglich auszuschalten, oder so gering wie möglich zu halten.“ (TM 1/771)*

Eine andere Strategie im Umgang mit Risiko ist die Orientierung an den eigenen Überzeugungen. Dafür nimmt man manches Risiko in Kauf und zieht ein Projekt einfach durch, wenn es für richtig und wichtig erachtet wird.

> *„Das war ein HOHES finanzielles Risiko. Aber ich war so überzeugt davon, dass das klappt, dass ich an das Risiko nicht gedacht habe.“ (TM 1/784)*

Die Knight'sche Risikodefinition beinhaltet eine Wahrscheinlichkeit, d.h. einen Prozentwert, mit dem die gewünschte aber auch die ungewünschte Auswirkung eintreten kann. Damit ist schon in dieser Definition des Risikobegriffes angelegt, dass es zu einem gewissen Prozentsatz zu ungewünschten Folgen kommt. Auch dieser Gedanke findet sich in den Überlegungen der Befragten wieder – und wird als Preis für einen möglichen Gewinn gesehen:

> *„Eine Entscheidung, bei der im Nachhinein ein Risiko eintritt, mit dem ich gerechnet habe, ist okay. Da kann*

man nichts machen. Das ist halt danebengegangen. Aber mir ist wichtig, dass ich versucht habe, diese Dinge vorher abzuschätzen und auch in meine Entscheidungsfindung einzuordnen. Um mir selbst dann sagen zu können: ‚Ja, ich habe das meine dazu beigetragen.' Zwingend kann man es nicht machen. Und wenn man es nicht probiert, kann man auch nichts gewinnen." (TM 5/219)

Der Umgang mit Risiko im Management ist recht vielfältig. Es gibt ein breites Spektrum von Varianten von temporärer Risikoblindheit über unterschiedliche Reduktionsmaßnahmen bis hin zum Eingehen von Risiken „sehenden Auges".

4.3.4.3. Hoch-Risiko: Risikoverständnis

Auch bei den Befragten aus dem Hoch-Risiko finden sich beide Risikobegriffe. Es wird sowohl das Knight'sche Risiko mit Eintrittswahrscheinlichkeit definiert als auch ein allgemeiner Schaden – das was passieren könnte.

„Also Risiko ist für mich die WAHRSCHEINLICHKEIT, ob etwas eintritt." (HR 5/141)

„Risiko ist das Abwägen zwischen: ‚Was hat zu geschehen?' und ‚Was könnte dabei passieren?' Diese Abwägung ist so zu gestalten, dass auf der Risikoseite weniger ist als auf der Seite ‚Was muss eigentlich passieren?'" (HR 3/239)

Den Befragten aus Hoch-Risiko ist ihre Exponiertheit zu insbesondere physischen bis hin zu lebensbedrohlichen Gefahren sehr bewusst.

„Das Schlimmste ist der Todesfall." (HR 6/28)

120

„[...] Risiko sind Gefahren, wo man persönlichen Schaden nimmt: [...] Abstürze, [...] Lawinen etc." (HR 2/361)
„Es könnte auch sein, dass ich Waffengebrauch anordnen muss, bei einer sehr, sehr eskalierten Situation." (HR 3/22)

Das Risiko wird erst dadurch ausgelöst, dass man es durch Handlungen aktiviert. Lawinen im menschenleeren alpinen Raum stellen grundsätzlich kaum jemals eine Bedrohung dar. Aber dadurch, dass Menschen sich in diesem Raum bewegen, wird die Gefahr aktiviert.

> *„Risiko ist für mich, wenn ich mich als Individuum mit einer Gefahr konfrontiere. Mein Verhalten und meine Entscheidungen in diesem Gefahrenraum, in den ich mich hinein begebe, werden dann zum Risiko. Die alpine Gefahr, die zunächst objektiv ist und mit mir nichts zu tun hat, löse ich aus, indem ich mich in den Steilhang hinein bewege. Dann wird das zum Risiko."* (HR 4/573)

Das ist auch das Besondere und macht die wesentlichen Unterschiede zum Top-Management aus: 1) Die Unmittelbarkeit der Bedrohung, also die kurze zeitliche Distanz zwischen Entscheidung und Eintritt der ungewünschten Konsequenzen, 2) die Gefahr für Leib und Leben und 3) letztlich die grundsätzlich freie Wahl, ob und wie sehr man sich den Risiken aussetzen will.

4.3.4.4. Hoch-Risiko: Umgang mit dem Risiko

Die Unmittelbarkeit der Bedrohung durch physische Risiken schlägt sich auch im beschriebenen Umgang mit dem Risiko nieder. Zuerst einmal ist weitgehend klar, dass das Risiko sich nicht gänzlich ausschalten lässt, wenn man seine Pläne verwirklichen und seine Ziele erreichen will. Es wird daher als wichtig angesehen, Risiko bewusst zu akzeptieren und möglichst aktiv zu managen.

> *„Ich denke, dass es ganz wichtig ist, dass man Risiko akzeptiert." (HR 1/670)*
>
> *„Es gibt auch ein Risiko, das man zulässt. Man kann ja nicht jedes Risiko auf null reduzieren. Ich kann es minimieren, aber ich kann es nicht auf Null setzen. Und daher muss ich es managen." (HR 2/389)*

Dazu werden einige Strategien beschrieben. Zuerst einmal erhöhte Sorgfalt und der Versuch, das Risiko und die Auswirkungen so bestmöglich vorauszusehen.

> *„Ganz präzise abzuwägen, ganz präzise nachzuforschen. Sich auch sicher sein, dass man ‚nichts' vergessen hat. Und auch das Bewusstsein zu haben, dass es ein Restrisiko gibt." (HR 3/266)*
>
> *„Ich schaue auf die Auswirkungen: Was tritt ein, wenn ich dieses Risiko eingehe? Sind die Auswirkungen HOCH, aber das RISIKO gering, sage ich: ‚Ja, ich kann das für MICH auf jeden Fall eingehen.' Sind die Auswirkungen hoch und das RISIKO hoch, dann gehe ich es auch für mich selbst nicht ein. Das war z.B. damals am Mount Everest so. Sind die Auswirkungen gering, kann es sein, dass ich auch für Teilnehmer das Risiko bewusst auf mich nehme." (HR 5/ 100)*

Eine Grundstrategie des Risikomanagements ist auch defensives Herangehen an die Lösung, also sich und sein Ego zurückzunehmen und eher zurückzustecken.

> *„Bei gefährlichen Sachen waren meine Entscheidungen eher immer: ‚Stopp! Das wird nicht gutgehen'.*

Ich war eher immer der, der dann zurückgegangen ist oder sich zurückgenommen hat." (HR 6/193)

Im Moment der Entscheidung wird auch schon an die Möglichkeit einer Nachuntersuchung gedacht, für den Fall, dass das Risiko schlagend wird. Dazu ist es hilfreich, wesentliche Schritte zu dokumentieren.

> *„Wenn etwas passiert ist, wird gefragt: ‚Wie kam die Entscheidung zustande?' Und das muss dokumentiert sein: der EntscheidungsPROZESS. Da muss man nachweisen können, dass alles gemacht wurde, was das Risiko minimiert." (HR 3/271)*

Bei einigen der Entscheidern gibt es Erfahrungen, die sie als Verführung zu höherem Risiko durch äußere Umstände beschreiben. Diese Verführung kann der Name der Kletteroute „Sans Retour" sein, der ihnen suggeriert, dass es nach dem Einstieg kein Zurück mehr gibt. Oder es können auch Unverwundbarkeits- bis hin zu Unsterblichkeitsgefühlen sein, oftmals ausgelöst durch das eigene Können und sehr einladende – verführerische – äußere Verhältnisse. Auch im Zusammenspiel mit einem Kollegen kann es erhöhtes Risiko durch Konkurrenzverhalten oder Verantwortungsdelegation geben.

> *„Wenn zwei Bergführer unterwegs sind und dieses Phänomen der Verantwortungsdelegation eintritt: Jeder verlässt sich auf den anderen im unausgesprochenen Glauben, der andere entscheidet und wird die Gefahrenmerkmale entsprechend wahrnehmen und in Entscheidungen umsetzen. Und so kann sich auch ein Risiko hochschaukeln."*
> *(HR 4/255)*

„Bekannte Touren eröffnen ein eigenes Risikofeld: die Gefahr des Vertrauten. Das wird kaum jemals angesprochen und wird ein wenig tabuisiert. Wenn mir etwas sehr vertraut ist, ich mich gut auskenne und dadurch sehr sicher fühle, tut sich plötzlich eine neue Falltür von Gefahren auf: nämlich dieses Unsterblichkeits- oder Unverwundbarkeitsgefühl. Damit ist auch das Tor geöffnet für Blackout-Fehler, für völlige Abwesenheit von Risikobewusstsein. [...] Da bin ich natürlich verführt, dass mir ganz UNGLAUBLICHE Fehler passieren. Fehler die dem ANFÄNGER vielleicht nicht passieren." (HR 4/70)

Eine weitere Gefahr im Umgang mit Risiko liegt in der Fehlinterpretation. Die Aussicht auf Erreichen des gewünschten Ergebnisses – eine lohnende Abfahrt, ein bequemeres Gehen – verführt dazu, dass das Risiko systematisch ignoriert und wegrationalisiert wird.

> *„Wir haben es damals falsch interpretiert. Wir haben es nicht so interpretiert, dass wir jetzt noch einmal Glück gehabt haben und noch einmal und noch einmal. Sondern uns gesagt haben: Wir haben richtig entschieden, es ist sicher und so weiter."* (HR 5/221)

4.3.4.5. Wahrnehmung von und Umgang mit Unsicherheit

Unsicherheit hat zwei prinzipielle Aspekte – einerseits die Ungewissheit, dass man nicht weiß, was passieren wird oder ob das Best- oder Worst-Case-Szenario eintreffen wird und andererseits den Aspekt der gefühlten Unsicherheit (psy), die oft auch durch die Ungewissheit ausgelöst und verstärkt werden kann.

4.3.4.6. Top-Management: Verständnis von Unsicherheit

Die Manager sind langjährig erfahren – auch im Umgang mit Ungewissheit. Da kann sich schon eine gewisse und auch humorvolle Gelassenheit zeigen und auch die Haltung, dass auch Nichtentscheiden mit Unsicherheit verbunden ist.

> *„Zum Thema Unsicherheit, ob richtig oder nicht, dazu sagt der große Philosoph Ernst Happel: ‚Vorher muss man's wissen, nachher weiß es jeder‘“. (TM 1/769)*
> *„Eine Nichtentscheidung hat mindestens die gleiche hohe Unsicherheit, wenn nicht die höhere, wie eine Entscheidung. So gesehen ist es für mich besser, eine Entscheidung zu viel als eine zu wenig.“ (TM 4/98)*

Aber es ist vor allem die Ungewissheit, die Entwicklungen verursacht, die letztlich als Fehler oder Fehlentscheidung gewertet werden.

> *„Das war alles so zu dem Zeitpunkt, als wir es entschieden haben, nicht absehbar.“ (TM 7/197)*
> *„Trotzdem kann es halt dann negativ ausgehen. Auch wenn man alles gut vorbereitet hat. Da kann man doch nichts machen.“ (TM 4/175).*

Ungewissheit kann aber auch Aspekte von glücklichen Fügungen annehmen, wenn es gelingt, zu besonders günstigen Zeitpunkten zu investieren oder zu verkaufen. Der Moment, den die antiken Griechen als Kairos bezeichnen.

> *„Man sagt immer, Entscheidungen bei denen man auch Glück hatte, waren besonders gut. Als es uns gelungen ist, damals unsere *X-Gesellschaft zum absoluten Peak zu verkaufen, war es sicher unternehmerisch eine sehr erfolgreiche Entscheidung. Aber wie gesagt, es war halt AUCH Glück dabei.“*
> *(TM 3/209)*

4.3.4.7. Top Management: Umgang mit Unsicherheit

Ein Gedanke wird von mehreren Entscheidern in unterschiedlichen Varianten wiedergegeben: dass es besser ist zu entscheiden (mit dem Risiko einen Fehler zu machen) als nicht zu entscheiden. Das wird unter anderem damit begründet, dass bei großen Konzernen sonst Stillstand eintritt und es wieder lange dauert, bis der Konzern wieder in Fahrt kommt.

Eine gängige Strategie ist die Akzeptanz der Fehlentscheidung – aus dem Wissen der Ungewissheit der Zukunft heraus. Wichtig sei nur eine positive Quote, dass mehr und wichtigere Entscheidungen richtig sind.

> *„Eine hundertprozentige Sicherheit bei Entscheidungen wird man ja nie haben. Also ich bezeichne es immer als die Kunst des erfolgreichen Managers, die Quote der richtigen Entscheidungen, quantitativ und qualitativ. Die wichtigen Entscheidungen sollten richtig sein. Mit Fehlentscheidungen muss man leben, weil keine Fehlentscheidungen eingehen zu wollen, heißt keine Entscheidungen zu treffen." (TM 2/82)*

Und hier wird auch indirekt der Gedanke der Verantwortung angesprochen – dass man zum Entscheidungszeitpunkt eben ein anderes, ein begrenztes Wissen zur Verfügung hatte.

> *„Im Nachhinein ist man immer gescheiter. Wenn dann einer sagt: ,Ja, das hätten wir wissen müssen', dann müssen wir sagen: ,Zu der Zeit, als wir das entschieden haben, sind wir halt von Annahmen ausgegangen, die sich nicht realisiert haben.'" (TM 7/126)*

Die gefühlte, psychologische Unsicherheit wird von den Top-Managern nicht explizit angesprochen und konnte auch implizit nicht aufgespürt werden. Möglicherweise hilft hier die schützende Affirmation, dass Fehlentscheidungen einfach dazu gehören und am Ende die Bilanz, die Quote der passenden Entscheidungen überwiegen muss.

4.3.4.8. Hoch-Risiko: Verständnis von Unsicherheit

Den Entscheidern im Hoch-Risiko sind die Ungewissheit und die Unbestimmbarkeit der Zukunft sehr klar und sehr bewusst. Das kann von unterschiedlichen Faktoren herrühren, dass man nicht in andere Menschen hineinschauen kann, oder auch von der Ungewissheit von Entwicklungen der Umwelt (Wetter, Lawinen etc.). Ungewissheit und Unsicherheit sind fundamental und auflösbar.

> *„Das System, in dem ich mich bewege, ist für mich nicht bis ins Letzte durchschaubar, auch nicht analysierbar. Es bleibt unbestimmt. Und alle meine Einschätzungen und Abwägungen bleiben Hypothesen, mit Fehlern behaftet. Und damit wird auch klar – es ist letztlich nur eine Frage der Zahl. Ein statistisches Problem. Ab einer bestimmten Zahl solcher Situationen wird irgendwann dieser Fehler schlagend, und ich bin mit dem Schneebrett konfrontiert." (HR 4/581)*

Erfolge – und auch viele Erfolge – dürfen nicht zum Glauben verleiten, alles im Griff zu haben oder gar Sicherheit erworben zu haben.

> *„Weil wir zum Beispiel beim Free-Riden oft nicht wissen, wie nah wir an der Katastrophe vorbeigehen. Das ist einfach immer so: Wir wissen es nicht, NIE. Wir wissen es erst, wenn wirklich eine Lawine abgeht. Dann wissen wir es. Das ist ja auch das Schwierige beim Beurteilen einer Situation." (HR 1/728)*

Die Unmittelbarkeit von Bedrohungen schärft auch das Bewusstsein der Entscheider im Hoch-Risiko für ihre gefühlte Unsicherheit (psy), mit möglichen Eskalationsstufen.

> *„Auf einer psychischen Ebene ist Unsicherheit die leichteste Form und die stärkste ist dann Panik. Für mich ist Unsicherheit eher auf einer emotionalen Ebene angesiedelt." (HR 5/160)*

Durch die Unbestimmtheit der Zukunft ist die Ungewissheit Teil jeder Entscheidung. Und durch diese Ungewissheit ist auch die gefühlte Unsicherheit (psy) bei jeder Entscheidung – auch wenn diese von Experten getroffen wird.

> *„Beim Entscheiden landen wir IMMER wieder in Unsicherheit. Wir müssen uns auch mit dem Gefühl der Unsicherheit konfrontieren. Und wir dürfen unter KEINEN Umständen dem Irrtum verfallen, dieses Erleben der Unsicherheit wäre ein Beweis unserer Inkompetenz." (HR 4/820)*

Anders als für die Top-Manager ist die Unsicherheit (psy) für die Entscheider im Hoch-Risiko präsent und bewusst. Auch dafür überlegen sie sich und entwickeln sie Formen des Umganges, der Bewältigung.

4.3.4.9. Hoch-Risiko: Umgang mit Unsicherheit

Zur Bewältigung der Ungewissheit wird insbesondere der Entscheidungsprozess verändert und von potentiellen Störvariablen befreit, um in Ruhe eine Entscheidung vorzubereiten.

> *„Dir die Zeit nehmen, die Gruppe kurz allein zu lassen und die Entscheidung dann an die Gruppe zu tragen." (HR 1/454)*

Sonst widmen die Respondenten der Unsicherheit (psy) wesentlich mehr Aufmerksamkeit. Dafür haben sie im Laufe ihrer Entwicklung und Karriere auch unterschiedliche Lösungsansätze entwickelt – zuerst einmal die Erhaltung der eigenen Handlungsfähigkeit durch aktives Risikomanagement.

> *„Für mich ist Risikomanagement die Fähigkeit, mit Unsicherheit umzugehen. Wie agiere ich in einem Feld, das unsicher ist? Ich agiere ja nicht so, dass ich Unsicherheit abschaffe kann. Die bleibt ja erhalten, an der ändere ich nichts. Aber ich behalte mir die Fähigkeit, in diesem Feld handlungsfähig zu bleiben."* *(HR 4/593)*

Ein wichtiger Aspekt scheint auch die psychische Verarbeitung der Unsicherheit (psy), dass man sich darauf einstellt, sie nicht negativ wertet, sie einfach annimmt.

> *„Der moderne Experte sollte einfach diese EIGENE Unsicherheit liebevoller annehmen, weniger abwehren müssen. Und sie auch noch deutlicher wahrnehmen und einen spielerischen und einen selbstver-ständlichen Umgang, eine Akzeptanz dafür entwick-eln."* *(HR 4/830)*

Oder, dass man sich auf in jahrelanger Erfahrung, an einer Fülle von positiv bewältigten Situationen gereiftes Selbstbewusstsein beruft.

> *„Ich kenne da in mir einen sehr, sehr starken, vielleicht fast naiven Glauben daran, dass sich die Sache dann so gestalten wird, wie ich sie in meiner Entscheidung vorweggenommen habe. Ich bin dann auch wieder recht selbstsicher und kenne in mir auch diesen Unverwundbarkeitsglauben oder dieses stark ausge-*

prägte Gefühl: Mir passiert nichts, ich bin in Sicher-heit." (HR 4/541)

Eine weitere Strategie im Umgang mit gefühlter Unsicherheit wurde darüber hinausgehend noch eingebracht: die Utilisation, das aktive Nützen der Unsicherheit (psy) im Entschei-dungsprozess als Zwischenschritt.

> *"Vielleicht gelingt es ja auch, das Gefühl der Unsicherheit zu nützen. Dass man es hernehmen kann, nutzen kann, dafür zu sagen: ‚Moment! Aufpassen, ja! Jetzt ist das wieder da, das ist quasi das Eingangssignal.' Und daher schalte ich hinten noch einmal eine Extraschleife einer Routine nach."*
> *(HR 4/850)*

4.3.5.   Wahrnehmung von und Umgang mit Druck

4.3.5.1. Top-Management: Wahrnehmung von Druck

Wenn Top-Manager Druck erleben, dann ist es öfter mal der eigene Druck, den sie sich selbst erzeugen.

> *"Wer macht eigentlich Druck? Und da komme ich in vielen Fällen darauf, dass ich mir selbst sehr viel Druck mache. Weil ich gewisse Dinge erreichen will, weil mir gewisse Dinge zu langsam gehen. Und weil ich mir auch Ziele setze, die sehr ehrgeizig sind." (TM 7/509)*

Ökonomischer Druck und externer Erwartungsdruck werden von den Top-Managern nicht explizit angesprochen.

4.3.5.2. Top-Management: Umgang mit Druck

Die befragten Manager – alle auf der ersten Führungsebene – sind dem Druck weitgehend entwachsen, so wirkt es bei der

Auswertung der Interviews. Sie geben einige Strategien wieder, um mit dem Druck umzugehen.

> *„Der Druck ist so groß, wie man es zulässt."*
> *(HR 5/251)*

Sie haben im Laufe der Jahre ein breites Spektrum an Möglichkeiten entwickelt, um sich allfälligem Druck zu entziehen, und verstärken diese Strategien in selbstreflexiven Schleifen.

> *„Oft hat man, nachdem ich mich dem Druck entzogen habe, am Flussrand tote Indianer vorbeitreiben gesehen." (TM 7/532)*

Es werden auch Glaubenssätze entwickelt, die pro-aktiv eingesetzt werden, wenn sich externer Druck aufbaut.

> *„Unter Zeitdruck lasse ich mich einfach nicht mehr setzen. Also ich sage, wenn etwas NUR sehr rasch oder ZU rasch möglich ist, dann denke ich, kann es ja eigentlich für jeden anderen auch nicht so leicht möglich sein, das zu entscheiden." (TM 4/302)*

Je nach Persönlichkeit und Situation wird auch offensiv und konfrontativ auf die Erzeuger von Druck eingewirkt, was auch auf dieser Ebene noch eine Portion Mut erfordert.

> *„Ich habe dann gesagt: ‚Sie üben Druck auf mich aus. Und diesem Druck werde ich nicht weichen. Daran wird sich nichts ändern.' Dadurch war das dann beendet. Das war schon auch eine Entscheidung, das zu sagen. Also ich glaube, das war nicht unmutig."*
> *(TM 1/714)*

Am anderen Ende des Spektrums finden sich sehr konkrete körperliche und geistige Verarbeitungsstrategien:

„Es ist gerade für mich wichtig, dass ich Situationen habe, wo ich alleine sein kann und mir Gedanken machen, Gedanken ordnen kann. Und das ist auch wichtig zur Druckbewältigung. Stichwort: Waldläufe, alleine Sport in der Natur betreiben und so weiter."
(TM 5/255)

Eine der Kernstrategien kreist um das Verlangsamen der Prozesse unter Druck, ein schrittweises Vorgehen, sich lange Zeit nehmen für wichtige Entscheidungen und auch um die Umkehrbarkeit von Entscheidungen unter Druck.

„Ich lasse mir für Entscheidungen, abhängig von der Dimension, grundsätzlich Zeit. Ich lasse mich nicht drängen, auch wenn es manchmal so wirkt, als wenn man entscheiden MÜSSTE. Wenn ich mir nicht sicher bin, dass es gescheit ist, dann ziehe ich noch eine Schleife." *(TM 7/654)*

„Dass man Entscheidungen so trifft, dass es immer noch einen Weg zurück gibt. [...] Oder dass ich NIE [...], wo wir genug gehabt haben, uns eingekauft habe bei irgendwelchen dubiosen Geschichten. Ich war da immer vorsichtig." *(TM 6/318)*

Die Fülle und die Vielfalt an unterschiedlichen Strategien im Umgang mit Druck legt den Schluss nahe, dass Druck und seine flexible Verarbeitung ein zentrales Thema im Top-Management ist.

4.3.5.3. Hoch-Risiko: Wahrnehmung von Druck

Sehr vielfältig sind die druckmachenden Faktoren im Hoch-Risikobereich und hier in einer durch den zeitlichen Rahmen stärker spürbaren Unmittelbarkeit.

„Druck ist Wetter, Druck ist im Winter Schnee. Zeitdruck und der Druck durch Menschen, durch die Teilnehmer. [...] Das ist eigentlich ein spannender Druck, weil das eine Herausforderung ist. Weil man nie genau weiß, mit wem man es zu tun hat, wie der dann reagiert." (HR 2/407)

Und es lastet großer Erwartungsdruck auf den Leitern im Hoch-Risiko: Es darf nichts falsch gemacht werden, weil die ungewünschten Auswirkungen meist rasch auf eine Entscheidung zurückgeführt werden, wenn die Suche nach der Ursache eines ungewollten Ereignisses beginnt.

„Ich hatte den Druck, immer richtige Entscheidungen treffen zu müssen. Das hat man von mir, in meiner Rolle erwartet." (HR 3/301)

Zusätzlich treten im Raum des Hoch-Risikos auch noch unerwartete Situationen auf, die weit außerhalb des Geplanten liegen. Dann steigt sofort der Druck auf den Experten, von dem erwartet wird, dass er diese oft schwierige und komplexe Situation rasch und verlustfrei löst.

„Oder ich wurde dann plötzlich vor eine Situationen gestellt, wo ich nichts dafür konnte – meiner Ansicht nach – und dann trotzdem die volle Verantwortung getragen habe. Weil ich die Gruppe dann runterbringen musste." (HR 1/92)

Als weitere druckmachende Faktoren werden der eigene Erwartungsdruck, ein Druck zu hoher Leistung, sowie der Druck etwas Besonderes bieten zu wollen, genannt.

4.3.5.4. Hoch-Risiko: Umgang mit Druck

Die befragten Entscheider im Hoch-Risiko sind durchwegs mit einer sehr hohen Fähigkeit zu Selbstreflexion ausgestattet.

> *„Mittlerweile kann ich es recht rasch selber erkennen [, wenn ich unter Druck stehe]. Zumindest einmal mich selbst beobachten. Dass man zum Beobachter der eigenen Gedanken und eigenen Gefühle oder Emotionen wird. Sozusagen eine beobachtende Instanz in sich aufzubauen. [...] Jetzt bist du wieder voll im Druck. Jetzt bist du wieder im Erwartungserfüllen. Wenn man das erkannt hat, hat man noch nichts verändert. Aber das ist der erste Schritt."*
> HR 4/656)

Dadurch fallen den Entscheidern auch eigene Verhaltensmuster auf und sie geben diese Selbstbeobachtungen auch zum Teil wieder.

> *„Ich würde sagen, ich greife mehr auf alte Verhaltensmuster zurück. Wenn ich unter Druck bin, dann kommuniziere ich WENIGER. Ich schalte in eine Art Überlebensmodus. Ich sage mir: ‚So, Augen zu und durch! Und durchhalten!'"* (HR 5/580)

Es wird auch versucht, Situationen mit Gruppendruck im geschützten Setting einer Ausbildung zu simulieren, um besser und vor allem gefahrloser z.B. Gruppendruck erleben und bewältigen zu lernen.

Eine weitere mögliche Strategie ist das Visualisieren von Worst-Case-Szenarien. Möglicherweise besteht der Trick darin, aus diesem visualisierten Szenario einen Gegendruck aufzubauen.

Eine verbreitete und standardisierte Strategie ist auch die bewusste Unterbrechung zur Reflexion, Wahrnehmung und Entscheidungsfindung – aus dem Bewusstsein und der Erfahrung heraus, dass Entscheidungen unter Druck selten die besten sind.

> *„Sich Zeit nehmen für ris-flecting [sic!]. Da heißt es, einen Break machen. Und zu sagen: ‚Okay, ganz schnell, zack, zack!' […] Also [die Reflexion] wirklich bewusst durchzuführen." (TM 1/383)*

4.3.6. Erwerb von Entscheidungswissen

4.3.6.1. Top Management: Erwerb von Entscheidungswissen

Keiner der Manager nennt ein konkretes Entscheidungstraining als Quelle seines Wissens und auch die Lektüre von Fachbüchern zum Thema Entscheiden wird nicht explizit angesprochen. Wenn diese Quellen angesprochen werden, dann sogar konkret als solche, die man nicht genützt hat.

> *„Also nicht aus Büchern und auch nicht aus Trainings."*
> *(TM 1/1032)*

Die Entscheider scheinen jedoch von einer allgemeinen Neugier getrieben zu sein: einer Neugier nach Wissen und Verstehen. Sie sammeln Entscheidungswissen in allen möglichen anderen Bereichen, von Vorbildern und/oder aus einer breit gestreuten Lektüre.

> *„Ich glaube, das liegt ein bisschen in meiner Natur, dass ich wahnsinnig neugierig bin. Ungeniert immer frage, […] Viel gelernt habe ich durch meinen ersten Chef und Lehrmeister." (TM 1/1032)*
> *„[…] auch durch theoretische Beschäftigung mit diesem Thema, weil Entscheidungen in Wirklichkeit Schlüsselsituationen des Lebens sind.[…] Wie Sie an*

dem Zitat gesehen haben, lese ich auch entsprechende Literatur [Watzlawick]." (TM 2/518)

Als wichtigste Lernquellen werden das Lernen aus Erfahrung, die Analyse (auch von Fehlentscheidungen) und Beobachtung genannt. Die Befragten beschäftigen sich durchaus intensiv mit dem Thema – aber eher in der Praxis als in der Theorie.

> *„Erfahrungen sammelt man eigentlich mehr über falsche Entscheidungen als über richtige." (TM 4/518)*
> *„In erster Linie durch Analyse und durch überlegen. Und auch durch Beobachtung, nachdem ich viel mit Leuten zu tun habe, sehe ich ständig, wie diese Leute Entscheidungen treffen." (TM 5/299)*

Selbstreflexion wird als wichtiges Element von gelingenden Entscheidungen gesehen. Daher wird auch der Themenkreis Schulung der Persönlichkeit oder der *Soft Skills* sowie die Inanspruchnahme von Coaching angesprochen.

> *„Ich habe auch persönliche Schulungen gemacht und gelernt, sehr stark zu reflektieren. Wie agiere ich, wie tue ich, wie handele ich? Und warum handele ich, wie ich handele?" (TM 7/593)*
> *„Wenn ich vor schwierigen Entscheidungssituationen stehe, dann bearbeite und reflektiere ich das schon mit einem Coach." (TM 7/600)*

4.3.6.2. Hoch-Risiko: Erwerb von Entscheidungswissen

Trainings und Bücher spielen bei den Entscheidern im Hoch-Risiko eine größere Rolle – auch wenn es nicht konkrete Entscheidungstrainings sind.

> *„Es gibt Lehrbücher, wo auch auf Gefahren und Risiko und den Umgang mit Risiko eingegangen wird.*

Manches liest sich dann auch zwischen den Zeilen. Auch wenn es jetzt natürlich kein dezidiertes Entscheidungstraining gibt." (HR 2/507)

Erfahrung und Vorbilder, sowie allgemeine Schulungen werden häufiger genannt.

> *„Viel habe ich über Erfahrung und Vorbilder, wie die entschieden haben, gelernt. Dann auch durch meine Coaching-Ausbildung. Aber explizit, dass ich ein Entscheidungsmodell gelernt habe oder so etwas, nein. Das sind alles Erfahrungswerte." (HR 5/610)*

Die wichtigste Rolle spielen auch hier Erfahrung und Analysen – zum Teil systematische Unfallanalysen und die Analyse von Fehlern.

> *„Ich habe gelernt, auf FEHLER zu schauen und zu fragen: ‚Was wollen mir die Fehler sagen?' Eine Art Fehlerkultur habe ich entwickelt." (HR 1/127)*
>
> *„Ich denke, im Laufe des Lebens erfährt man viel über Unfälle und Situationen, wo es zu Unfällen gekommen ist. [… Ich habe eine] Arbeit geschrieben über Unfallkunde im alpinen Bereich. Und damit habe ich mich immer sehr intensiv beschäftigt." (HR 6/507)*

4.3.7. Auffälliges

Bei der Auswertung der Interviews in beiden Bereichen ist eine Häufung von Leitsprüchen aufgefallen. In knappen Worten werden entweder Zitate von Philosophen und Künstlern oder persönliche Affirmationen eingestreut. In relevanten Situationen scheinen sie als schnell verfügbare Orientierungshilfen eingesetzt zu werden.

Ein paar ausgewählte Beispiele:

> *„Es gibt immer für alles eine Lösung." (TM 3/477)*
>
> *„Es gibt IMMER eine Alternative." (TM 7/58)*
>
> *„Wenn eine Lösung in einem System nicht möglich ist, gibt es eigentlich nur eine Lösung außerhalb des Systems zu suchen." (frei nach Paul Watzlawick; TM 2/226)*
>
> *„Entscheide stets so, dass du mehr und nicht weniger Optionen hast." (frei nach Heinz von Förster; TM 7/546 und HR 5/654)*
>
> *„Vorher muss man's wissen, nachher weiß es jeder." (TM 1/769)*
>
> *„Durch das eigene Wollen lässt man auch die Zukunft entstehen." (TM 7/651)*
>
> *„Mit Risiko kann etwas passieren, ohne Risiko passiert nichts." (frei nach Walter Scheel; HR 5/654)*

4.4. Zusammenfassung der Ergebnisse

Grundsätzlich lässt sich aus den Ergebnissen ein Basiskonsens darüber herauslesen, was einen guten allgemeinen Entscheidungsprozess kennzeichnet: 1) Die Wahl der richtigen Zielsetzung oder Fragestellung, 2) eine solide Vorbereitung in Form von Analysen und Recherchen, 3) ein Ent- und Verwerfen von Szenarien, 4) meist auch ein implizites oder explizites Abwägen von Risiko (in beiden Definitionen: Knight'sches Risiko und der potentielle Schaden, das was auf dem Spiel steht) und Ungewissheiten, 5) gelegentlich auch die Verdichtung in rational fassbaren Maßzahlen und Bewertungen, 6) ein Einbinden von Betroffenen (stärker angesprochen zumeist bei den Top-Managern) und 7) ein Fokus auf die Umsetzung. Dieser Prozess ist in Ansätzen oder auch elaborierter bei den Befragten beider Bereiche erkennbar.

Zu den Entscheidungsmethoden und Entscheidungstools gibt es aus beiden untersuchten Bereichen ein wenig Datenmaterial, gerade genug, um die jeweiligen Methoden und einzelne Tools zumindest ansatzweise erkennen zu können. In den verwendeten Methoden und Tools zeigen sich auch deutliche Unterschiede zwischen Top-Management und Hoch-Risiko. Die folgende graphische Darstellung ist der Versuch, diese Unterschiede zu verdichten und übersichtlich zu machen. Es ist dem Autor auch klar, dass sich in einer derartigen Verdichtung seine eigenen Vorannahmen und Erwartungen in einem ähnlichen Maß verdichten, wie die Ergebnisse der Untersuchung. Dennoch wird – mit diesem kritischen Hinweis und der Wahrung einer kritischen Distanz bei der Erstellung des Charts – der Versuch unternommen, die Ergebnisse etwas anschaulicher zu machen.

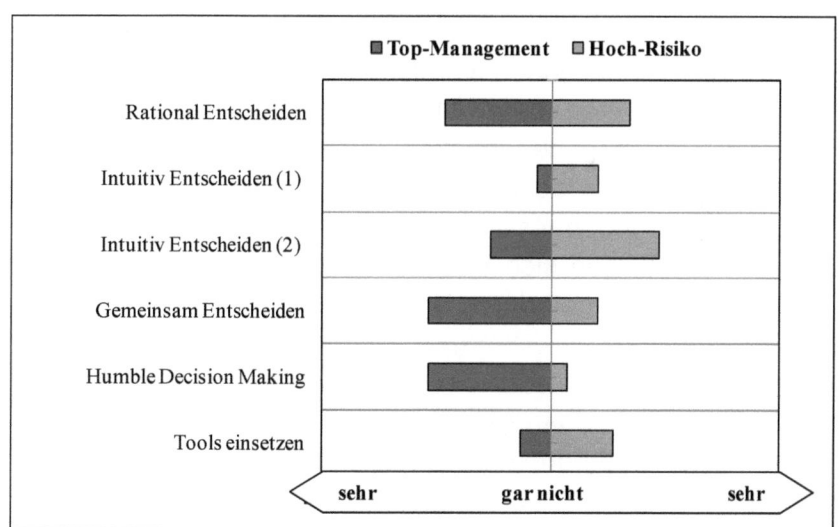

Abb. 6: Schematische Übersicht und Gegenüberstellung der wichtigsten eingesetzten Methoden im Vergleich

Rationales Entschieden: Die Entscheider aus dem Top-Management verweisen wiederholt auf ihre Bemühungen, die Entscheidungsprozesse formal und somit rational gut zu strukturieren, um die Entscheidungen bestmöglich abzusichern. Bei den Entscheidern im Hoch-Risiko ist das rationale Entscheiden sowohl in Form von konkreten rationalen Überlegungen präsent als auch in der Form von ausgedehnten Überlegungen bei der Planung und Vorbereitung.

Intuitives Entscheiden (1): Fast & Frugal Heuristics lassen sich im Top-Management nur geringfügig und wenn, dann bestenfalls zu kleinen Leitsprüchen verdichtet erkennen. Bei den Entscheidern im Hoch-Risiko gibt es mehr Hinweise, dass kurze standardisierte Entscheidungsstrukturen implizit oder auch explizit (z.B. Stop or Go, Regeln zum Sicherheitsbedürfnis etc.) eingesetzt werden.

Intuitives Entscheiden (2): Hier gibt es bei Top-Managern sowohl die in Intuitionen verdichteten Erfahrungen als auch innere Gewissheiten, deren Quelle nicht benannt wird. Stärker sind diese Formen der Intuition (2) bei den Entscheidern im Hoch-Risiko. Ihnen scheint einerseits klar zu sein, dass sich hier die Erfahrungen vieler gemeisterter Situationen verdichten. Andererseits zeigen sich hier wiederholt auch Einflüsterungen von und Verführungen durch Unverwundbarkeitsgefühle.

Gemeinsam Entscheiden: Bei den Top-Managern entsteht der Eindruck, dass das gemeinsame Entscheiden eine der wesentlichen Methoden ist, deren sie sich bedienen. Mit großer Neugier sammeln sie unterschiedliche Perspektiven und Meinungen zum Entscheidungsthema. Und sie setzen immer wieder auch auf gemeinsame Entscheidungsprozesse mit der Einbindung der für die Umsetzung verantwortlichen Personen.

Die Entscheider im Hoch-Risiko sind hier hingegen sehr unterschiedlich ausgerichtet. Sie verfügen über gewachsenes Expertenwissen, das als nicht diskutierbar gesehen wird. Das ist die eine Position. Andererseits gibt es Anzeichen der Öffnung für gemeinsame Prozesse in Entscheidungssituationen unter Risiko.

Humble Decision Making (HDM): Top Manager nutzen Teilaspekte von HDM als selbstverständliches Repertoire insbesondere im Umgang mit Druck, bei schwierigen Entscheidungen und auch bei Entscheidungen, für die noch nicht die bestmögliche Lösung gefunden ist. Die Entscheider im Hoch-Risiko finden aufgrund der meist engeren zeitlichen Rahmenbedingungen deutlich weniger Gelegenheit für die oft zeitintensiven Taktiken von HDM.

Tools einsetzen: Entscheidungsunterstützende Tools werden von Top-Managern im Rahmen des analytischen Prozesses eingesetzt. Gelegentlich verdichten sie für sich selbst noch einmal die Quintessenz der Analysen, um ihre Entscheidung abzusichern. Bei Entscheidern im Hoch-Risiko ist es eine Frage der Kombination aus Erfahrung und Stand der Fortbildung, ob Tools eingesetzt werden. Einige wenige setzen regelmäßig und bewusst aktuelle Tools zum Risikomanagement ein.

Ungewissheit und Risiko: Das sind die beiden Faktoren, die die Top-Manager zu umsichtigen, zögerlichen Verfahren entsprechend den in HDM beschriebenen greifen lassen. Ungewissheit und Risiko sind auch die beiden Faktoren, die die Entscheider im Hoch-Risiko dazu bewegen, am ehesten noch strukturierte Tools und Entscheidungsverfahren einzusetzen.

Erwerb des Entscheidungswissens: Für beide befragte Gruppen gilt, dass sie ihr Entscheidungswissen vor allem mit 1) Ausprobieren, 2) mit Beobachtung ihrer eigenen Entscheidungen bzw. der von anderen, 3) gelegentlich durch theoretische Beschäftigung mit angrenzenden (zuweilen philosophischen und psychologischen) Gebieten und 4) gelegentlich durch Schulung in Reflexion und Selbstreflexion erlernt haben. All diese Lernschritte tragen etwas bei zum Entscheidungswissen – es ist jedoch in keinem Fall eine systematische und damit umfassende, theoretisch reflektierte Vorgehensweise zu erkennen. Auch ein gefahrloses Probe-handeln im Rahmen von strukturierten Simulationen und Trai-nings wird nicht genannt.

4.5. Diskussion der Ergebnisse

4.5.1. *Vorbemerkung zur Diskussion der Ergebnisse*

Zu Beginn der Diskussion der Ergebnisse möchte der Autor zuerst einmal festhalten, dass sich in der Zusammenschau der Ergebnisse einiges anders darstellt, als angenommen. Eine der Annahmen war, dass es recht *eindeutig zuschreibbare Methoden und Tools* geben würde, deren sich die Entscheider in beiden Entscheidungsfeldern üblicherweise bedienen würden. Eine weitere Annahme war, dass *Entscheidungswissen* – da fundamental sowohl für das Wohlergehen der Unternehmen als auch der handelnden Personen – einigermaßen *systematisch* erworben würde, dass man sich immer wieder strukturiert damit beschäftigt und stetig versuchen würde, die Handlungsmöglichkeiten zu erweitern.

Tatsächlich zeigen die Ergebnisse etwas Gemeinsames in Form eines strukturierten Entscheidungsprozesses und einer starken Ausrichtung auf Reflexion und Selbstreflexion. Die eingesetzten Methoden und Tools hingegen erscheinen in der

Zusammenschau als sehr individuell gewachsen. Jeder Respondent hat seine Aufgaben mit seinen Entscheidungen immer wieder gut gelöst. Aus diesen wiederholten Lösungen heraus wächst ein individuelles Entscheidungsverhalten, das vielfach erprobt und meist auch reflektiert ist. Eine systematische und strukturierte Analyse der Methoden und Tools – so wie ursprünglich geplant – erscheint daher nicht sinnvoll. Sie wird nur für jene Methoden und Tools durchgeführt, für die es ausreichend klare Hinweise gibt.

In der Zusammenschau fällt auch auf, dass die Unterschiede zwischen den beiden beobachteten Bereichen Top-Management und Hoch-Risiko insgesamt geringer scheint, als die Spannweite der individuellen Unterschiede innerhalb der beiden untersuchten Bereiche. Das Entscheidungsverhalten der Befragten aus dem Bereich Top-Management ist genauso wenig homogen, wie das Entscheidungsverhalten der Befragten aus dem Bereich Hoch-Risiko.

Als ein interessantes Ergebnis hingegen hat sich die *Aneignung des Entscheidungswissens* herauskristallisiert, gerade im Licht der so individuellen Entscheidungsmethoden. Des Weiteren sind die wiederholten und nachdrücklichen Hinweise auf ausreichende Reifung und *Selbstreflexion* ein unerwartetes Ergebnis. Diese beiden Punkte werden daher breiter diskutiert.

4.5.1.1. Kritische Reflexion des Forschungsansatzes

Die Abweichung der Ergebnisse von den Erwartungen lässt zwei Deutungs-Möglichkeiten zu: 1) Das gewählte Unter-suchungsdesign ist nicht reliabel und erfasst daher die Methoden und Tools nicht im der Realität entsprechenden Umfang. 2) Das Untersuchungsdesign ist reliabel, es erfasst was da ist. Die Ursachen für die geringe Ausbeute an konkreten Methoden und Tools haben andere Ursachen.

Ad 1) Das Untersuchungsdesign ist nicht reliabel: Die Respondenten wurden mehrfach im Interview aufgefordert, konkrete Entscheidungen und Entscheidungssituationen zu beschreiben. Nahezu alle Respondenten haben zwei oder mehr (bis zu neun) persönliche Entscheidungssituationen konkret erzählt. Bei jeder dieser Situationen wurde zusätzlich nach dem „Wie" gefragt, also nach den Methoden und zusätzlich auch noch nach allfällig verwendeten Tools. Aus Sicht des Autors sollte diese mehrschichtige Fragetechnik die tatsächlichen Entscheidungsstrukturen ausreichend gut abbilden. Da die Begriffe Rationalität und Intuition recht unterschiedlich verwendet werden und auch in der Literatur keine Eindeutigkeit darüber herrscht (vgl. Eisenführ, 2010 et al. S. 4f. und Hänsel, 2002, S. 17ff.), macht es aus Sicht des Autors wenig Sinn, die Respondenten direkt danach zu fragen. Das würde eher die Konstruktionen der Respondenten zu diesen Begriffen zu Tage fördern, z.B. *wie sie Rationalität und Intuition sehen*, und weniger zu Informationen führen, wie sie tatsächlich entscheiden. Bei direktem Fragen nach Rationalität und Intuition könnten die Respondenten eher versucht sein, mit Wissen zu glänzen oder auch sozial erwünschte Antworten zu produzieren.

Um die Informationen zu Methoden und Tools in größerem Umfang zu sammeln, müsste aus Sicht des Autors ein wesentlich aufwändigerer Informationsgewinnungsprozess gewählt werden. Klein (2003) hat für einen Hoch-Risiko-Bereich ein Design entwickelt, das aus begleitender Beobachtung der Entscheider direkt bei ihren Einsätzen sowie einem ausführlichen Tiefeninterview als Nachbesprechung zu jedem einzelnen Einsatz besteht – und das über mehrere Jahre hinweg. Dieser Forschungsaufwand konnte getrieben werden, da Klein's Studien von der U.S. Army finanziert wurden (vgl. ebd., S. 22 sowie S. 28f.). Ein ähnliches Design müsste dann analog auch für Top-Manager entwickelt werden.

Ad 2) Das Untersuchungsdesign ist reliabel: Angenommen, das Design ist ausreichend reliabel und die Gespräche wurden in einer Atmosphäre geführt, die ausreichend offen war, so dass tatsächlich relevante Entscheidungssituationen erzählt werden konnten – dann könnte die geringe Ausbeute an Methoden und Tools auch mit anderen Faktoren verknüpft sein. Als eine Hypothese bietet sich hier die hoch individuelle und damit letztendlich zufällige Aneignung des Entscheidungswissens an.

4.5.2.   Lernen zu Entscheiden

Anderson (2007) unterscheidet drei Arten des Erwerbs von neuen Problemlösungsoperatoren, wie sie z.B. zum Entscheiden benötigt werden: 1) *Entdecken,* 2) *direkte Instruktion* und 3) *Beobachten.*   Unter „Entdecken" versteht Anderson eine Reihe von schlussfolgernden Prozessen, z.B. aus den Ergebnissen des eigenen Probierens und Tuns. Dabei werden Ursache und Wirkungszusammenhänge konstruiert. Entdecken sei eine primäre und evolutionär fest verankerte Lernmethode. Durch entdecken erlernen Babys fundamentale Verhaltensweisen ebenso wie Katzen und Ratten im Labor die kürzesten Wege durch Labyrinthe finden (vgl. ebd. S. 296). Zusätzlich ist das Entdecken eine Methode, die keine zusätzliche Aktivierung erfordert: Das Leben und die Arbeit liefern Problemstellungen, die zum Schlussfolgern anregen.

In Fällen, in denen richtig geschlussfolgert wird, werden im Gehirn mittels Neurotransmittern Gefühle von Lust aktiviert.

Durch eine von drei Möglichkeiten verfestigen sich die Lerninhalte zu Vorannahmen, Urteilen und/oder Gewohnheiten: 1) Durch eine ausreichende Anzahl simpler Lernschleifen, 2) durch ein erhöhtes Interesse an den Lerninhalten oder 3) eine außergewöhnlich hohe Intensität der Lernerfahrung (vgl. Spitzer, 2002, S. 62ff. sowie 229ff.).

Folgt man den Beschreibungen der Entscheider, so scheinen sie Entscheidungswissen in erster Linie auf dem Wege des Entdeckens – gelegentlich ergänzt um Formen des Beobachtens – zu erwerben.

Entdecken als primärer Lernzugang hat allerdings einige strukturelle Schwächen: 1) *Zufälligkeit des Inputs wie des Outputs* (d.h. der Ereignisse und der Lernergebnisse), 2) *Blindheit für verborgene Risiken* und vor allem auch 3) die *Gefahr des fatalen Fehlers.* Zusätzlich ist diese Methode langsam und aufwändig. Malik (2000) meint, „man wird relativ alt, bis man die Lektionen gelernt hat." (ebd. S. 68)

Ad 1) Zufälligkeit des Inputs wie des Outputs: Entdecken als Lernmethode reagiert nur auf jene Reize, die tatsächlich auftreten. Für diese Reize werden Learnings und Handlungsoptionen erfunden. Durch die Verfestigung von Vorannahmen, Urteilen und Gewohnheiten ist das Entdecken eine eher konservativ orientierte Methode, da sie bereits gefundene Methoden präferiert. Häufig werden bereits gefundene Lösungen adaptiert und weiterentwickelt, anstatt ganz neue Lösungsklassen zu eröffnen (vgl. Roth, 2003, S. 156f.). Durch diese Vorselektion in der Herangehensweise entstehen automatisch „blinde Flecken", also Bereiche für die keine neuen Lösungen parat sind, da zuerst bekannte und vertraute Lösungen herangezogen werden. Diese blinden

Flecken lassen sich auch am jeweils hoch-individuellen Entscheidungsverhalten der Befragten dieser Studie erkennen. Die zum Großteil hochspezifische Individualisierung des Entscheidungsverhaltens – dass jeder für sich sein weitgehend individuelles Set an Entscheidungsmethoden und Tools gefunden hat – kann auch als Ergebnis einer Selektion der Methoden und Tools bei den ersten und folgenden Entscheidungen und deren Weiterentwicklung und Perfektionierung verstanden werden.

Dieses Phänomen zeigt sich u.a. am Beispiel der *Hidden Profiles* und des zufällig „entdeckten" Herangehens an Gruppenentscheide (siehe dazu Abschnitt 4.5.6)*, wo die neue Lösungsklasse des institutionalisierten Dissenses (vgl. Schultz-Hardt, 2007, S. 148) nicht im Repertoire erscheint.

Ad 2) Blindheit für verborgene Risiken durch das Phänomen der *kleinen Stichprobe*: Liegt eine Blindheit für verborgene Risiken vor, kann sich bereits durch einige wenige Erfolge bei Lösungsversuchen ein Verhalten verfestigen. Diese Verfestigung kann auch dann erfolgen, wenn diese Erfolge mehr dem Zufall zu verdanken sind als dem tatsächlichen Können. Einer der Respondenten aus dem Hoch-Risiko hat dies anlässlich seines eigenen Sturzes in eine Gletscherspalte exakt beschrieben: „Wir haben es damals falsch interpretiert. Wir haben es nicht so interpretiert, dass wir jetzt noch einmal Glück gehabt haben und noch einmal und noch einmal. Sondern [wir haben] uns gesagt: ‚Wir haben richtig entschieden, es ist sicher und so weiter.'" (HR 5/221).

Bei kleinen Stichproben sind immer wieder zufällig gehäufte positive oder negative Ergebnisse zu erwarten. Wenn die Eintrittswahrscheinlichkeit des negativen Ereignisses gering ist, kann es auch zu sehr langen Zeitreihen von zufällig positiven Ergebnissen führen. Was aber beim Lernen aus der Erfahrung, aus *Trial and Error* zu dem Fehlschluss verführen kann, dass man wisse, wie mit diesen Situationen umzugehen ist. Dieser Gedankengang wurde bereits im Abschnitt 2.2.7.1 im Rahmen der Fallen der Induktion anhand von Russells Beispiel mit dem Farmer und dem Huhn diskutiert.

Ad 3) Die Gefahr des fatalen Fehlers: Auch wenn die Eintrittswahrscheinlichkeit eines ungewünschten Ereignisses mit fatalen Folgen sehr gering ist, kann es doch passieren, dass es zu einem frühen Zeitpunkt in der Reihe von Versuch und Irrtum eintritt. Theoretisch kann es schon beim ersten Mal passieren – und, da fatal, zum tödlichen Ende eines Unternehmens oder einer Person führen. Es gibt Situationen und Umfelder, die das bewährte Modell von *Trial and Error* nicht zulassen, „da unser erster Irrtum gleichzeitig auch unser letzter sein kann." (Würtl & Larcher, 2007, S. 111f.)

Die Punkte 2) und 3) sollen im folgenden Exkurs noch besser herausgearbeitet werden.

4.5.2.1. Exkurs: Entdecken – fatal auf Skitouren

Der Autor hat eine Auswertung von Lawinenunfällen aus sieben Saisonen auf Basis der offiziellen Lawinenberichte 2003/2004 bis 2009/2010 durchgeführt (vgl. Plasser, 2012). In diesen Lawinenberichten werden alle tödlichen Lawinenereignisse mit Schifahrern, Snowboardern und Schitourengehern eines Winters dargestellt und mit den von der Untersuchungskommission und der Alpinpolizei erhobenen Daten kurz dargestellt. Die sieben Saisonen bieten mit 88 Lawinentoten ausreichend Datenmaterial, um einigermaßen gesicherte Ergebnisse berechnen zu können und auch um die

Zufälligkeiten von „guten" und „schlechten" Wintern auszugleichen.

In der Auswertung werden einander zwei Gruppen gegenübergestellt: Jene, die sich innerhalb der Basislimits der modernen Lawinenkunde bewegen und jene, die diese Limits wissentlich oder unwissentlich überschreiten. Als Basislimit wird die erlaubte Hangneigung bei einer gegebenen Lawinenwarnstufe herangezogen. Dies entspricht Check 1 nach *Stop or Go* des ÖAV. Konkret sind die Limits: Bei Lawinenwarnstufe (LWS) 4 – meide Hänge über 30° Steilheit; bei LWS 3 – meide Hänge über 35°; und bei LWS 2 – meide Hänge über 40°.

In den Ergebnissen zeigt sich eine Verbesserung durch das Einhalten der Basislimits im Verhältnis von 1:7 – ein Lawinentoter bei Einhaltung der Basisparameter Lawinenwarnstufe/Hangneigung von *Stop or Go*, sieben Lawinentote wenn sie diese Parameter überschreiten. Oder anders ausgedrückt: Es wären von 88 Lawinentoten in diesen sieben Saisonen rund 77 mit großer Wahrscheinlichkeit vermeidbar gewesen, hätten sie sich an den Basislimits orientiert.

Die Schlussfolgerung aus dieser Analyse: Entdecken ist im Hoch-Risiko eine ungeeignete Lernmethode. Die 77 Toten können zuvor durchaus oftmals die Erfahrung gemacht haben, dass das Befahren von steilen Hängen jenseits der Limits ohne Lawinenauslösung möglich ist. Die 77 Toten hatten jedoch keine Chance mehr, den Lernschritt zu vollziehen, dass die gewählte Hangneigung bei diesen Verhältnissen an diesem Tag tatsächlich zu steil war.

4.5.3. Entscheidungsprozesse

Da alle befragten Entscheider in beiden Bereichen sehr routiniert sind, ist in nahezu allen Interviews eine Basisstruktur eines Entscheidungsprozesses zu erkennen. Wenn es um längerfristige Entscheidungen geht, dann werden in jedem Fall Ziele gesetzt, Vorbereitungen getroffen mit Recherchen, Analysen und Szenarien, sowie die Entscheidung in ihren Szenarien und Auswirkungen durchdacht. Meist wurde auch die Einbindung der Betroffenen in die Vorbereitung und Umsetzung angegeben. Außerdem wurde eine Überprüfung der Entwicklung von Entscheidungen anhand von Bandbreiten der Ergebnisse angesprochen.

Damit entspricht der Entscheidungsprozess bei längerfristigen Entscheidungen den von Drucker (2001) und Malik (2000) empfohlenen Entscheidungsprozessen. Der einzige Schritt, der hier nicht zu erkennen ist, ist die Klassifikation. Bei der Klassifikation wird definiert, ob es sich um ein generisches Problem handelt oder um ein typisches, wiederkehrendes. Es ist gut vorstellbar, dass dieser Schritt in der Praxis der Befragten nicht bewusst vollzogen wird, da er eine Zuordnungsfrage anspricht – und damit eher akademisch orientiert ist. Die befragten Entscheider sind an guten Entscheidungen und Lösungen sowie an der Erreichung ihrer Ziele orientiert. Die Frage, ob ein Problem generisch oder typisch ist, spielt in ihren Berichten und wahrscheinlich auch in ihrem Entscheidungsalltag keine Rolle.

4.5.4. Methoden und Tools

Die Ergebnisse geben Hinweise darauf, dass verschiedene Methoden des rationalen sowie intuitiven (1) und (2) Entscheidens angewendet werden. Die Hinweise auf diese Methoden sind jedoch eher sparsam gesät und es gibt kaum mehr als ein bis zwei Hinweise pro Respondenten. Jene Methoden und Tools, für die es die eindeutigsten Hinweise gibt, werden in die folgenden Abschnitten integriert. Umfangreicher sind die Ergebnisse bei der Methode des gemeinsam Entscheidens. Dieser Aspekt wird daher separat behandelt.

4.5.5. Entscheiden unter Druck und Ungewissheit

Hier gibt es klare Unterschiede in den Ergebnissen zwischen den untersuchten Bereichen. Das war auch zu erwarten, da im Hoch-Risiko aufgrund der Eigendynamik der Situationen immer wieder Entwicklungen auftreten können, die sofortige Entscheidungen und Handlungen erfordern, während im Top-Management immer noch eine „Schleife" des Nachdenkens möglich ist.

4.5.5.1. Hoch-Risiko und Top-Management: Die wesentlichen Unterschiede

Hoch-Risiko unterscheidet sich von Management am deutlichsten durch die Unmittelbarkeit von Entscheidung und Wirkung. *Unmittelbar* ist zunächst der *zeitliche Zusammenhang*: So vergehen z.B. zwischen der Entscheidung zum Einfahren in einen Steilhang und ihrer Auswirkung, der Lawinenauslösung, nur wenige Sekunden. In der Wirtschaft liegen zwischen Entscheidung und Auswirkungen oft Monate oder gar Jahre. *Unmittelbar* ist auch der *Zusammenhang von Ursache und Wirkung*: Das Befahren löst die Lawine im Steilhang wie eine gespannte Falle aus (vgl. Munter, 1999, S. 156ff.). In der Wirtschaft sind in den Monaten oder Jahren zwischen Entscheidung und Auswirkung oftmals eine Fülle von weiterer Handlungen gesetzt worden oder Veränderungen der Umweltbedingungen eingetreten. Die direkte Zuschreibung von Auswirkungen ist damit vielfach das Ergebnis von Interpretationen, die auch herrschende Machtverhältnisse widerspiegeln können. *Unmittelbar erlebbar ist Misserfolg*: Der Misserfolg ist bei einem Todesfall oder einer schweren Verletzung evident, er lässt sich nicht umdeuten oder wegdiskutieren. Anders liegt der Fall in der Wirtschaft: Hier kann eine mäßige oder gescheiterte Strategie als Erfolg „im Rahmen der aktuellen Marktentwicklung" oder „so haben wir noch Schlimmeres verhindert" gedeutet werden. Hoch-Risiko bietet also die Chance, hochrelevante Entscheidungen im Zeitraffer beobachten zu können. Top-Management erlaubt hingegen, Entscheidungen zu beobachten, die zum Teil sehr entschleunigt sind.

Diese Unterschiede haben auch einen Einfluss auf die im Folgenden behandelten Aspekte.

4.5.5.2. Hoch-Risiko: Druck und Ungewissheit

Die Methoden, deren sich die Hoch-Risiko-Experten in diesen Situationen bedienen, sind stark individuell gefärbt. Sie reichen von einer kurzen Nachdenkpause mit Rückzug aus der Gruppe, über das Nutzen der Gruppe zum gemeinsamen Nachdenken oder individuelle Kraftakte bis hin zum Rückgriff auf wenige Entscheidungsparameter. Eine einheitliche Struktur des Vorgehens ist in den Ergebnissen nicht zu erkennen. Unter Druck werden hier offensichtlich persönliche, sehr individuelle Verhaltensmuster hochgefahren.

Diese individuelle Vorgehensweise entspricht im Einzelfall der von *Recognition Primed Decision* (RPD) aus ihren Beobachtungsreihen elizitierten Strategien (vgl. Abschnitt 2.3.3.4). Respondent 2 aus Hoch-Risiko beschreibt das sinngemäß so: Die Situationen haben wiederkehrende Muster und aus dem Erfahrungsschatz heraus wisse man, was sich in so einer Situation bewährt habe. Diese kurze Beschreibung beinhaltet alle wesentlichen Elemente des RPD: *Recognition*, also die Wiedererkennung einer typischen Situation, Suche nach einer bewährten Reaktion im eigenen Repertoire, um das sofort umzusetzen und damit rasch handlungsfähig zu sein.

In wenigen Einzelfällen, insbesondere beim Rückgriff auf verkürzte Entscheidungsstrategien, könnte das beschriebe Verhalten als Heuristik oder Daumenregel im Verständnis von Gigerenzer (2008) beschrieben werden. Ein Beispiel: „Wenn ich [unter Druck] entscheiden muss, dann reduziere ich meine Parameter auf die für mich wichtigsten." (HR 2/347). Diese Vorgehensweise entspricht ziemlich genau der von Gigerenzer beschriebenen Vorgehensweise zur Entwicklung eines effizienten Entscheidungsbaumes – der Vorstufe zu einer *Fast and Frugal Heuristic*. Das ist ein Tool aus der in dieser Studie als Intuition (1) bezeichneten Tool-Box.

Als Kontrast: Ein *vollständiger* Entscheidungsbaum ist ein Tool der rationalen Entscheidungstechniken, das in vielen Verästelungen alle Optionen und Entscheidungspunkte aufzeichnet (siehe Abschnitt 2.3.2.3). Mit wachsender Anzahl der Optionen und Entscheidungspunkte wird ein Entscheidungsbaum zunehmend komplex und immer unübersichtlicher. Das bedeutet, dass ein vollständiger Entscheidungsbaum in realen Situationen unter Druck kaum handhabbar ist. Ein *effizienter* Entscheidungsbaum unterscheidet sich von einem vollständigen Entscheidungsbaum dadurch, dass er auf wenige Schritte reduziert, einfach und transparent ist (vgl. Gigerenzer, 2008, S. 188).

Der Rückgriff auf die individuell wichtigsten Entscheidungsparameter beschleunigt das Entscheidungsverfahren. Das ist sicher auch der Grund, warum er gemacht wird. Ob diese persönlichen Entscheidungsparameter die bestmöglichen sind, ist damit nicht gewährleistet. Das einzige, was wir und der Entscheider hier wissen können, ist, dass es in dessen individueller Entscheidungshistorie *bisher* ausreichend gute Parameter waren. Daraus induktiv schließen zu wollen, damit sei „bewiesen", dass diese Parameter die richtigen seien, führt uns wieder zu Russells Kritik an der Induktion. Es liegt allerdings der Gedanke nahe, dass dieser Entscheider der festen Überzeugung ist, dass seine Parameter richtig seien: Das ist die Versuchung durch eine ausreichend lange Datenreihe, die diese Parameter bisher immer wieder bestätigt hat.

Zum Thema der Verführung durch lange bestätigende Datenreihen hat Taleb (2010) eine Fülle an Beispielen gesammelt. Einer der spektakulärsten Fälle bezieht sich auf den Bankencrash 1982, als die US-Banken süd- und zentralamerikanischen Staaten hohe Kredite zur Verfügung gestellt hatte. Als diese Staaten im Sommer 1982 alle zugleich ihre Zahlungen einstellten, erlitten die US-Banken Verluste in Höhe ihrer kumulierten Gewinne ihrer gesamten Geschichte von ihrer Gründung bis zu diesem Zeitpunkt.

Der Rückzug auf kurze Entscheidungsstrukturen, wie RPD, effiziente Entscheidungsbäume, Daumenregeln oder *Fast and Frugal*-Heuristiken scheinen prinzipiell gangbare Wege zu sein, um Situationen unter Druck und Unsicherheit rasch, effizient und gut zu lösen. Voraussetzung ist allerdings eine vorhergehende, intensive Analyse und Reflexion der ausgewählten Parameter und des Verhaltensrepertoires. Ob dies in der Praxis tatsächlich im hinreichenden Ausmaß erfolgt, darf angesichts der Tendenz zur Bestätigung der eigenen Entscheidung bezweifelt werden (vgl. Tavris & Aronson, 2010,

S. 25ff.). Hier könnten aus Sicht des Autors externe Reflexionsstrukturen hilfreich sein, um systematisch und strukturiert die persönlichen Parameter und das Verhaltensrepertoire besser kennen zu lernen und zu verstehen. Vorbild in dieser Hinsicht könnten die Simulationen für Flugzeug-Crews sein (vgl. Munter, 1999, S. 33).

4.5.5.3. Top-Management: Druck und Ungewissheit

Anders als die Entscheider im Hoch-Risiko können die Top-Manager dem Druck laut ihren Darstellungen auf unterschiedliche Weise begegnen oder oftmals auch ausweichen.

Wenn sie dem Druck ausweichen, so bedienen sie sich einzelner Taktiken des *Humble Decision Making* (HDM) – wahrscheinlich ohne diesen Begriff namentlich zu kennen. Etzioni (2001) nennt als Taktiken *Focused Trial and Error, Tentativeness, Procrastination, Decision Staggering, Fractionalizing, Maintaining Strategic Reserves, Reversible Decisions* (siehe auch Abschnitt 2.3.5).

Zieht man in Betracht, dass die Top-Manager ihr Entscheidungswissen weitgehend durch Erfahrung entdeckt haben, so kann die Möglichkeit des Erlernens dieser Taktiken aus der Theorie einigermaßen ausgeschlossen werden. Die Befragten führen zudem auch an, dass gerade die Verlangsamung von Prozessen Teil ihres persönlichen Entwicklungsprozesses war. Das lässt den Schluss zu, dass Etzioni hier ein sehr natürlich gewachsenes Entscheidungsverhalten von erfahrenen Entscheidern beschreibt. Zusätzlich bietet jedoch die gesamthafte Zusammenschau und fundierte Überlegung, die in Etzionis Sammlung von HDM-Taktiken steckt, den Vorteil umfassender zu sein: Keiner der befragten Manager nennt alle HDM-Taktiken und in der Summe aller befragten Manager fehlen mehrere Taktiken von HDM. Am besten vertraut sind die Entscheider mit der Taktik der Verzögerung und Verlangsamung (*Procrastination*).

An diesem Beispiel lässt sich der Unterschied zwischen Erfahrungs-Lernen durch Entdecken einerseits und einer begleitenden theoretischen Vertiefung andererseits zeigen. Mit dem Erfahrungslernen im Job erlernen die Führungskräfte ein paar der Taktiken von HDM. Eine begleitende theoretische Vertiefung oder ein systematisches Entscheidungstraining würde ihnen einige HDM-Taktiken mehr zur Hand geben.

4.5.6. Gemeinsam entscheiden

Viele der Manager berichten aus Situationen, in denen sie andere in Entscheidungen einbinden: Freunde, Kollegen, Mitglieder des Aufsichtsrates und Eigentümer. Die dieser Person vorwiegend zugeschriebene Rolle beinhaltet eine kritische Reflexion des eigenen Standpunktes und ein Abklopfen der entwickelten Szenarien auf bislang unentdeckte Schwächen und Risiken.

Von den in Abschnitt 2.1.3.5 beschriebenen Vorteilen der Einbindung anderer finden sich in den Aussagen der Entscheider mehrere wieder, wenn es darum geht, diesen Schritt zu begründen. Im Vordergrund stehen das „mehr Wissen", das frühzeitige Berücksichtigen anderer Positionen, das erhöhte Kreativitätspotential und auch die *Magical Transformation* durch den detaillierten Austausch von Informationen. Der mögliche Aspekt einer Vernetzung der Gehirne (vgl. Bauer, 2005, S. 106) wird von einem Entscheider aus Hoch-Risiko als eine seiner Methoden beschrieben, sonst jedoch von keinem der Respondenten erwähnt.

Werden die Entscheidungen tatsächlich gemeinsam vorbereitet, so verbessert sich dadurch die Chance, dass die Voraussetzungen für erfolgreiches Entscheiden geschaffen werden (vgl. Etzioni, 2001, S. 50). Eine Reflexion von kritischen Aspekten bei Gruppenentscheidungen findet sich bei Schultz-Hardt (2007). Er konstatiert, dass die Realisierung der oben beschriebenen theoretischen Vorteile in der Praxis auf große Probleme stößt (vgl. ebd. S. 139).

Eines der Probleme ist das *Hidden Profile*: Wenn der Entscheider schon auf der richtigen Spur ist, dann braucht er die anderen Personen zur Lösungsfindung nicht mehr. Nur wenn er auf der falschen Fährte ist, kann sich die Diskussion auszahlen (vgl. ebd. S. 140). Aber auch in diesem günstigen Fall gibt es Gefahrenquellen, wie 1) den *vorschnellen Konsens*, 2) die *asymmetrische Diskussion* und 3) die asymmetrische *Informationsverarbeitung* (vgl. ebd. S. 142).

Ad 1) *Vorschneller Konsens:* Gruppendiskussionen starten häufig mit dem Austausch der individuellen Entscheidungs-präferenzen und beginnen zu früh mit dem Ausverhandeln der Gruppenentscheidung. Besser wäre zu diesem Zeitpunkt ein längerer Austausch von relevanten Informationen (vgl. ebd. S. 141f.).

Ad 2) *Asymmetrische Diskussion:* Diese Diskussionen sind laut Schultz-Hardt häufig in doppelter Weise „schief", da einerseits mehr Informationen ausgetauscht werden, die von mehreren Personen geteilt werden als solche die nicht geteilt werden, und andererseits werden auch mehr Informationen eingebracht, die die individuelle Präferenz stützen (vgl. ebd. S. 143).

Ad 3) *Asymmetrische Informationsbewertung*: Ähnlich „schief" verläuft auch die Bewertung der eingebrachten Informationen – von mehreren Personen geteilte Informationen werden für glaubwürdiger und relevanter gehalten (vgl. ebd. S. 144).

Angesichts dieser Hürden schlägt Schultz-Hardt einen strukturierten Zugang vor: Hohe Meinungsvielfalt in den Diskussionen sowie eine Bewusstsein der „Schräglagen" bei Informationen (vgl. ebd. S. 145f.). Beides setzt ein hohes Maß an Reflexion und zum Teil auch Aushalten der längeren Ungewissheit und Unsicherheit, die durch die vielen Meinungen und Aspekte entsteht, voraus. Bestimmte strukturierte Tools, wie A*advocatus Diaboli* nach Herbert & Estes (1977) verbessern die Chancen, dass Meinungsvielfalt systematisch gefordert und gefördert wird. Dabei wird *Dissens im Diskussionsprozess institutionalisiert* und damit die Chance erhöht, dass Kritik weniger persönlich genommen wird (vgl. ebd. S. 665).

Das einfache Sammeln von anderen Meinungen und Ideen erscheint vor diesem Hintergrund als ein erster und grundsätzlich wichtiger Schritt. Zusätzliche, strukturierte Tools, wie institutionalisierter Dissens, können einen Beitrag leisten, um die in Gruppenprozessen häufig impliziten Hürden, z.B. der *Hidden Profiles,* zu umgehen. Dass Tools so oder in abgewandelter Form eingesetzt würden, dafür gibt es in den Ergebnissen keinerlei Hinweise.

Aus den Argumenten von Schultz-Hardt ist auch ersichtlich, dass sich diese Tools und Prozesse auch in krisenhaften Situationen, wie z.B. Geiselnahmen, bewähren. Damit eignen sie sich potentiell auch für Gruppenprozesse der Entscheider im

Hoch-Risiko – die diesen Möglichkeiten bisher eher distanziert gegenüber stehen.

4.5.7. *Kernqualitäten: Reflexion und Selbstreflexion*

Eine der Kernqualitäten, die sich herauskristallisiert hat, ist die Bereitschaft zur Reflexion. Viele der Befragten haben Persönlichkeitsentwicklungsseminare oder Managements-Trainings bis hin zu kompletten Coaching Ausbildungen absolviert. Reflexion und Selbstreflexion sind Kernkompetenzen, die dort vermittelt werden.

Daher haben viele der Respondenten in ihren Interviews einen hohen Grad an Selbstreflexion erkennen lassen. Das wiederholte und kritische Nachdenken über das eigene Tun und die eigenen Motivationen spielt bei diesen erfahrenen Entscheidern eine wesentliche Rolle in ihrer Entwicklung. Zur Erinnerung eine kurze Interview-Sequenz zum Thema Druck: „Wer macht eigentlich Druck? Und da komme ich in vielen Fällen darauf, dass ich mir selbst sehr viel Druck mache" (TM 7/509). Ähnlich werden auch viele andere Aspekte reflektiert: z.B. gefühlte Unsicherheit im Kontext des „Experte-Seins", die Verlockung durch die eigenen Unverwundbarkeitsgefühle, die Verführbarkeit durch Erfolge etc.

Dörner (2000) beschreibt den Mangel an Selbstreflexion in seiner „Logik des Misslingens" folgendermaßen: „Wenn man die Reflexion des eigenen Verhaltens und damit die Konfrontation mit den eigenen Unzulänglichkeiten scheut, so liegt es nahe, […] sich in Sicherheit und Bestimmtheit zu flüchten" (ebd. S. 46). In seinen Versuchsreihen identifiziert Dörner als einen fundamentalen Erfolgsfaktor „so etwas wie die Fähigkeit, Unbestimmtheit zu ertragen" (ebd. S. 46).

Und sinngemäß gleichlautend formuliert es einer der Entscheider aus dem Hoch-Risiko-Bereich in seiner Selbst-Reflexion: „Der moderne Experte sollte einfach diese EIGENE Unsicherheit liebevoller annehmen, weniger abwehren müssen. Und sie auch noch deutlicher wahrnehmen und einen spielerischen und einen selbstverständlichen Umgang, eine Akzeptanz dafür entwickeln." (HR 4/830).

Top-Entscheider leben künftig liebevoll-spielerisch mit ihren eigenen Schwächen – gerade auch in schwierigen Situationen: eine durchaus einladende Perspektive.

4.6. Ausblick und Schlussfolgerungen

Das Kernstück der Arbeit ist die Erhebung und der Vergleich von Entscheidungsmethoden und -Tools im Top-Management und im Hoch-Risiko, um gegebenenfalls ein Lernen vonein-ander zu ermöglichen.

Die vorliegende Studie ist eine qualitative Studie, die unter besonderen Rahmenbedingungen durchgeführt wurde (z.B. spezifische Auswahl der Respondenten, persönliche Vertrautheit der Befragten mit dem Autor, Leitfaden mit Fokus auf Erzählung tatsächlicher Entscheidungssituationen). All dies kann einen Einfluss auf die Aussagen der Respondenten haben. Bei der Auswertung der Ergebnisse können, bei allen Bemühungen um Sorgfalt und kritische Distanz, persönliche Werte und Haltungen des Autors zu Verzerrungen führen. Erst mehrstufige Validierungen der Ergebnisse durch andere, ähnlich gelagerte Forschungsprojekte in diesen Themenfeldern könnten die Ergebnisse besser absichern.

In dieser Studie, unter diesen Rahmenbedingungen, fallen die Unterschiede zwischen den beiden beobachteten Bereichen insgesamt geringer aus als die Spannweite der individuellen Unterschiede innerhalb der beiden untersuchten Bereiche. Das Entscheidungsverhalten der Entscheider in Top-Management und Hoch-Risiko ist wenig homogen, sondern scheint eher individuell geprägt.

Mehrfache Hinweise gibt es darauf, dass im Top-Management insbesondere HDM *Humble Decision Making* unter Druck und gemeinsame Entscheidungsprozesse bei größeren Entscheidungen stärker genutzt werden. Die Entscheider im Hoch-Risiko verlassen sich häufiger auf ihre Intuition (2), also eine innere Stimme oder die Stimme des „Bauches". Diese Strategien sind in beiden Fällen Ergebnisse von langen Erfahrungs- und Reifeprozesse, da alle Entscheider über mehr als zehn Jahre Erfahrung in ihrem Bereich verfügen.

Für die Entscheidungspraxis können diese Ergebnisse mehrere mögliche Impulse geben:
- Jüngere Manager könnten sich in frühen Jahren und/oder mittels Simulationen und Trainings mit HDM und gemeinsamen Entscheidungsprozessen vertraut machen – um kostspielige *Trials and Errors* an realen Projekten zu vermeiden.
- Entscheider im Hoch-Risiko könnten insbesondere gemeinsame Entscheidungsprozesse stärker integrieren und dadurch ihre Entscheidungsqualität weiter optimieren.

Bei der Erstellung der theoretischen Einführung ist der Eindruck entstanden, dass es 1) keine systematische Übersicht der verschiedenen Entscheidungsmethoden gibt, und dass 2) der Markt der Entscheidungstheorien (auch der wissenschaftliche) stark von Konkurrenz zwischen einzelnen Denkrichtungen getrieben ist.

Als Anregungen für weitere Forschungsprojekte bieten sich daher an:

- Eine Meta-Studie der historischen Entwicklung der verschiedenen Entscheidungsmethoden und des aktuellen Standes mit dem Ziel einer systematischen Einordnung;
- Vertiefende Forschungen zur Aneignung von Entscheidungswissen im Management und/oder im Hoch-Risiko;
- Vertiefende Forschung zu den Zusammenhängen zwischen der Art der Aneignung von Entscheidungswissen und den jeweils genutzten Entscheidungsmethoden;
- Und – so der Aufwand finanzierbar ist – eine Studie zum tatsächlichen Entscheidungsverhalten mittels begleitender Beobachtung und darauf folgenden Tiefeninterviews zur Vertiefung des Verständnisses von Entscheidungsprozessen in realen Situationen.

5.   Literaturverzeichnis

Harvard Business Review on Decision Making (2001). Boston: Harvard
   Business School Press.

Duden, Das Herkunftswörterbuch. Etymologie der deutschen Sprache (2007).
   Unter Mitarbeit von Brigitte Alsleben. Mannheim: Duden.

Asch, Solomon (1955). *Opinions and Social Pressure.* In: Scientific American
   193 (5), S. 31–35.

Anderson, John R. (2007). *Kognitive Psychologie.* Heidelberg: Springer.

Baker, Susan P.; Qiang, Yandong; Rebok, George W.; Li, Guohua (2008).
   Pilot Error in Air Carrier Mishaps: Longitudinal Trends Among 558.
   Reports, 1983–2002. Online verfügbar unter
   http://www.ncbi.nlm.nih.gov/pmc/articles/PMC2664988/, zuletzt
   aktualisiert am 16.07.2012.

Bauer, Joachim (2005). *Warum ich fühle, was du fühlst. Intuitive
   Kommunikation und das Geheimnis der Spiegelneurone.* Hamburg:
   Hoffmann und Campe.

Bernstein, Peter L. (1996). *Against the Gods. The Remarkable Story of Risk.*
   New York: John Wiley & Sons.

Blümel, Miriam (2007). *Das Bild Der "Nordmenschen" bei Tacitus aus
   moderner Perspektive. Kultur und Religion der Germanen.* München:
   GRIN Verlag.

Bolte, Annette; Goschke, Thomas (2005). *On the Speed of Intuition: Intuitive
   Judgments of Semantic Coherence under Different Response
   Deadlines.* In: Memory & Cognition 33 (7), S. 1248–1255.

Brams, Steven J. (2001). *Game Theory and the Cuban Missile Crisis.*
   Millennium Mathematics Project, University of Cambridge. Online
   verfügbar unter
   http://www.cas.buffalo.edu/classes/psc/fczagare/Game%20Theory/H
   andouts/Game%20theory%20and%20the%20Cuban%20m...pdf,
   zuletzt aktualisiert am 06.07.2012.

Buchanan, Leigh; O'Connell, Andrew (2006). *A Brief History of Decision
   Making.* In: Harvard Business Review 84 (1), S. 32-41, 132.

Cohen, L. Jonathan (1981). *Can Human Irrationality be Experimentally
   Demonstrated?* In: Behavioral and Brain Sciences (4),
   S. 317–331.

Czerlinski, Jean; Gigernezer, Gerd; Goldstein, Daniel G. (1999). *How Good
   Are Simple Heuristics?* In: Gerd Gigerenzer und Peter M. Todd (Hg.):
   Simple Heuristics that Make us Smart. New York: Oxford University
   Press, S. 97–118.

derStandard.at: *Chronologie der Causa Libro.* Online verfügbar unter http://derstandard.at/1308186641423/Chronologie-der-Causa-Libro, zuletzt geprüft am 04.08.2012.

Damasio, Antonio R. (2002). *Ich fühle, also bin ich. Die Entschlüsselung des Bewusstseins.* München: List.

Dörner, Dietrich (2000). *Die Logik des Misslingens. Strategisches Denken in komplexen Situationen.* Reinbek: Rowohlt.

Dörsam, Peter (2007). *Grundlagen der Entscheidungstheorie - anschaulich dargestellt.* Heidenau: PD-Verlag.

Drucker, Peter F. (1995). *The Practice of Management.* Oxford: Butterworth-Heinemann.

Drucker, Peter F. (2001). *The Effective Decision.* In: Harvard Business Review on Decision Making. Boston: Harvard Business School Press, S. 1–20.

Durant, Will (1952): *Das Zeitalter des Glaubens.* Bern: A. Francke Verlag.

Einwanger, Jürgen (Hg.) (op. 2007). *Mut zum Risiko. Herausforderungen für die Arbeit mit Jugendlichen.* München: E. Reinhardt.

Eisenführ, Franz; Weber, Martin; Langer, Thomas (2010). *Rationales Entscheiden.* Berlin: Springer.

Ermacora, Andreas (2000). *Wer die Sorgfalt außer Acht lässt.* In: BergundSteigen – Zeitschrift für Risikomanagement (3), S. 13–14.

Ermacora, Andreas (2011). *Freispruch nach tödlichem Lawinenunfall.* In: BergundSteigen – Zeitschrift für Risikomanagement (1), S. 32–33.

Etzioni, Amitai (2001). *Humble Decision Making.* In: Harvard Business Review on Decision Making. Boston: Harvard Business School Press, S. 45–58.

Flick, Uwe. (2009). *Sozialforschung: Methoden und Anwendungen. Ein Überblick für die BA-Studiengänge.* Reinbek: Rowohlt.

Förster, Heinz von (Hg.) (1999). *2 x 2 = Grün.* CD. Köln: Supposé.

Förster, Heinz von (1999a). *Über Bewusstsein, Gedächtnis, Sprache, Magie und andere unbegreifliche Alltäglichkeiten.* In: Heinz von Foerster (Hg.): 2 x 2 = Grün. Köln: Supposé, CD 2, Track 2.

Förster, Heinz von; Bröcker, Monika (2002). *Teil der Welt. Fraktale einer Ethik - oder Heinz von Försters Tanz mit der Welt.* Heidelberg: Carl-Auer.

Gardner, Howard (1989). *Dem Denken auf der Spur. Der Weg der Kognitionswissenschaft.* Stuttgart: Klett-Cotta.

Gigerenzer, Gerd (2004). *Das Einmaleins der Skepsis. Über den richtigen Umgang mit Zahlen und Risiken.* Berlin: Berliner Taschenbuch-Verlag.

Gigerenzer, Gerd (2008). *Bauchentscheidungen. Die Intelligenz des Unbewussten und die Macht der Intuition.* München: Goldmann.

Gigerenzer, Gerd; Hertwig, Ralph; Pachur, Thorsten (Hg.) (2011). *Heuristics.* New York: Oxford University Press.

Gigerenzer, Gerd; Selten, Reinhard (Hg.) (2001). *Bounded Rationality. The Adaptive Toolbox.* Cambridge, Mass.: MIT Press.

Gigerenzer, Gerd; Todd, Peter M. (Hg.) (1999). *Simple Heuristics that Make us Smart.* New York: Oxford University Press.

Gigerenzer, Gerd; Todd, Peter M. (1999a). *Fast and Frugal Heuristics. The Adaptive Toolbox.* In: Gerd Gigerenzer und Peter M. Todd (Hg.): Simple Heuristics that Make us Smart. New York: Oxford University Press, S. 3–34.

Gladwell, Malcolm (2005). *The Wisdom of the Crowds.* New York: Anchor.

Gladwell, Malcolm (2007). *Blink. The Power of Thinking without Thinking.* New York: Back Bay Books.

Goldstein, William M.; Hogarth, Robin M. (Hg.) (1997). *Research on Judgement and Decision Making. Currents, Connections and Controversies.* New York: Cambridge University Press.

Hamm, Thomas D. (2006). *The Quakers in America.* Chichester: Columbia University Press.

Hammond, John S.; Keeney, Ralph L.; Raiffa, Howard (1999). *Smart Choices. A Practical Guide to Making Better Decisions.* New York: Broadway Books.

Hänsel, Markus (2002). *Intuition als Beratungskompetenz in Organisationen.* Diss. Universität Heidelberg, Heidelberg. Online verfügbar unter http://www.systemische-professionalitaet.de/download/schriften/VI.608-haensel-promotion.pdf, zuletzt geprüft am 05.07.2012.

Hänsel, Markus; Zeuch, Andreas; Schweitzer, Jochen (2002). *Erfolgsfaktor Intuition. Geistesblitze in Organisationen.* In: Organisationsentwicklung 21 (1), S. 40–51.

Hayashi, Alden M. (2001). *When to Trust Your Gut.* In: Harvard Business Review on Decision Making. Boston: Harvard Business School Press, S. 169–187.

Herbert, Theodore T.; Estes, Ralph W. (1977). *Improving Executive Decisions by Formalizing Dissent: The Corporate Devil's Advocate.* In: The Academy of Management Review (2), S. 662–667.

Hoffmann-Riem, Wolfgang (2006). *Die Klugheit der Entscheidung ruht in ihrer Herstellung - selbst bei der Anwendung von Recht.* In: Arno Scherzberg (Hg.): Kluges Entscheiden: Disziplinäre Grundlagen und interdisziplinäre Verknüpfungen. Tübingen: Mohr Siebeck, S. 3–24.

Hofinger, Gesine (2007). *Fehler und Fallen beim Entscheiden.* In: Stefan Strohschneider (Hg.): Entscheiden in kritischen Situationen. Frankfurt: Verlag für Polizeiwissenschaft, S. 115–136.

Humphreys, Patrick; Svenson, Ola; Vari, Anna (1983). *Analysing and Aiding Decision Processes.* New York, North-Holland Publishing.

Hügli, Anton; Lübcke, Poul (2000). *Philosophielexikon. Personen und Begriffe der abendländischen Philosophie von der Antike bis zur Gegenwart.* Reinbek: Rowohlt.

Jaynes, Julian (1997). *Der Ursprung des Bewusstseins.* Reinbek: Rohwolt.

John, Richard S.; von Wintersfeldt, Detlof; Edwards, Ward (1983). *The Quality and User Acceptance of Multiattribute Utility Analysis Performed by Computer an Analyst.* In: Patrick Humphreys (Hg.): Analysing and Aiding Decision Processes. New York, North-Holland Publishing.

Jungermann, Helmut; Pfister, Hans-Rüdiger; Fischer, Katrin (2010). *Die Psychologie der Entscheidung. Eine Einführung.* Heidelberg: Spektrum.

Kahneman, Daniel (2011). *Thinking, Fast and Slow.* London: Penguin.

Kahneman, Daniel; Slovic, Paul; Tversky, Amos (2001). *Judgement under Uncertainty. Heuristics and Biases.* New York: Cambridge University Press.

Kern, Tony (2001). *Culture, Environment, and CRM.* New York: McGraw-Hill.

Kiechle, Stefan (2011). *Sich entscheiden.* Würzburg: Echter.

Klatetzki, Thomas (2006*). Kluges Entscheiden in dynamischen und riskanten Umwelten. Eine Erläuterung auf vier Ebenen.* In: Arno Scherzberg (Hg.): Kluges Entscheiden: Disziplinäre Grundlagen und interdisziplinäre Verknüpfungen. Tübingen: Mohr Siebeck.

Klein, A. Gary; Calderwood, Roberta; Clintron-Cirocco, Anne (1988). *Rapid Decision Making on the Fire Ground. U.S. Army - Research Institute for the Behavioral and Social Sciences.* Online verfügbar unter http://www.dtic.mil/cgi-bin/GetTRDoc?AD=ADA199492, zuletzt geprüft am 04.08.2012.

Klein, A. Gary; Peio, Karen J. (1989). *Use of a Prediction Paradigm to Evaluate Proficient Decision Making.* In: The American Journal of Psychology 102 (3), S. 321–331.

Klein, Gary (1993). *A Recognition-Primed Decision (RPD) Model for Rapid Decision Making.* In: Gary Klein, Judith Orasanu, Roberta

Calderwood und Caroline E. Zsambok (Hg.): Decision making in Action. Models and Methods. Ablex: Norwood, S. 138–147.

Klein, Gary (2003). *Natürliche Entscheidungsprozesse. Über die "Quellen der Macht", die unsere Entscheidungen lenken*. Paderborn: Junfermann.

Klein, Gary; Klinger, David (1991). *Naturalistic Decision Making*. In: Gateway 2 (1), S. 16–19. Online verfügbar unter http://www.au.af.mil/AU/AWC/AWCGATE/decision/nat-dm.pdf, zuletzt geprüft am 05.07.2012.

Klein, Gary; Orasanu, Judith; Calderwood, Roberta; Zsambok, Caroline E. (Hg.) (1993). *Decision Making in Action. Models and Methods*. Ablex: Norwood.

Klein, Stefan (2006). *Alles Zufall. Die Kraft, die unser Leben bestimmt*. Reinbek bei Hamburg: Rowohlt-Taschenbuch-Verlag.

Knight, Frank H. (2006). *Risk, Uncertainty and Profit*. Washington, D.C: Beard Books.

Koehler, Derek J.; Harvey, Nigel (Hg.) (2004). *Fast and Frugal Heuristics: The Tools of Bounded Rationality*. Malden, MA, USA: Blackwell Publishing Ltd.

Köhler, Thomas (2007). *Freuds Psychoanalyse: Eine Einführung*. Stuttgart: Kohlhammer.

Lehrer, Jonah (2009). *Wie wir entscheiden. Das erfolgreiche Zusammenspiel von Kopf und Bauch*. München: Piper.

Lipshitz, Raanan; Klein, Gary; Orasanu, Judith; Salas, Eduardo (2001). *Taking Stock of Naturalistic Decision Making*. In: Journal of Behavioral Decision Making 14 (5), S. 331–352.

Lopes, Lola L. (1997). *Between Hope and Fear: The Psychology of Risk*. In: William M. Goldstein und Robin M. Hogarth (Hg.): Research on Judgement and Decision Making. Currents, Connections and Controversies. New York: Cambridge University Press, S. 681–720.

Lowenstein, Roger (2002). *When Genius Failed. The Rise and Fall of Long-Term Capital Management*. London: Fourth Estate.

Luhmann, Niklas (2003). *Soziologie des Risikos*. Berlin: de Gruyter.

Malik, Fredmund F. (2000). *Führen leisten leben. Wirksames Management für eine neue Zeit*. München: DVA.

March, James G. (1994). *A Primer on Decision Making. How Decisions Happen*. New York: Free Press.

Martignon, Laura; Vitouch, Oliver; Takezawa, Masanori; Forster, Malcolm R. (2011). *Naive and Yet Enligthened: From Natural Frequencies to Fast and Frugal Decison Trees*. In: Gerd Gigerenzer, Ralph Hertwig und Thorsten Pachur (Hg.): Heuristics. New York: Oxford University Press, S. 134–150.

Mayer, Horst O. (2009). *Interview und schriftliche Befragung: Entwicklung, Durchführung und Auswertung.* München: Oldenbourg.

Mayring, Philipp. (2008). *Qualitative Inhaltsanalyse: Grundlagen und Techniken.* Weinheim: Beltz.

merkur-online.de (2012). *Frau stirbt in Lawine: Bergführer verurteilt.* Online verfügbar unter http://www.merkur-online.de/nachrichten/bayern/frau-stribt-lawine-bergfuehrer-verurteilt-mm-939586.html, zuletzt geprüft am 04.08.2012.

Mérö, László (2000). *Die Logik der Unvernunft. Spieltheorie und die Logik des Handelns.* Rowohlt: Reinbek.

Metz-Göckel, Hellmuth (2011). *Dual-Process-Theorien: Neuere Untersuchungen zu Intuition und Inkubation.* In: Gestalt Theory 22 (2), S. 201–214. Online verfügbar unter http://gth.krammerbuch.at/sites/default/files/articles/Create%20Article/Metz_F.pdf, zuletzt geprüft am 05.07.2012.

Mullen, Brian; Goethals, George R. (Hg.) (1986). *Theories of Group Behavior.* New York: Springer.

Munter, Werner (1999). *3 x 3 Lawinen. Entscheiden in kritischen Situationen.* Garmisch-Partenkirchen: Pohl & Schellhammer.

Nitzsch, Rüdiger von (2006). *Entscheidungslehre. Wie Menschen entscheiden und wie sie entscheiden sollten.* Stuttgart: Schäffer-Poeschel.

Perrow, Charles (1992). *Normale Katastrophen.* Frankfurt: Campus.

Pfister, Hans-Rüdiger (1991). *Struktur und Funktion von Zielen in diachronischen Entscheidungen. Eine kognitionspsychologische Integration entscheidungs- und gedächtnispsychologischer Ansätze.* Frankfurt am Main: Peter Lang.

Plasser, Wolfgang (2010). *"Da brauchst' einen guten Magen" – Systemisch orientierte Prozessberater in der Wahrnehmung ihrer Kunden.* Master-Thesis. Wien: ARGE Bildungsmanagement.

Plasser, Wolfgang (2012). *Analyse von Todesfälle in Lawinen 2003/2004 bis 2009/2010.* Online verfügbar unter http://souveraen-entscheiden.at/layout/uploads/lawine_analyse wp_04-11.pdf, zuletzt geprüft am 01.09.2012.

Pöppel, Ernst (2008). *Zum Entscheiden geboren.* München: Hanser.

Rattner, Joseph; Danzer, Gerhard (2005). *Philosophie im 17. Jahrhundert: Die Entdeckung von Vernunft und Natur im Geistesleben Europas.* Würzburg: Königshausen & Neumann.

Renn, Ortwin; Schweizer, Pia Johanna; Dreyer, Marion; Klinke; Andreas (2007). *Risiko. Über den gesellschaftlichen Umgang mit Unsicherheit.* München: Oekom.

Roth, Gerhard (2003). *Fühlen, Denken, Handeln. Wie das Gehirn unser Verhalten steuert.* Frankfurt: Suhrkamp.

Roth, Gerhard (2010). *Verstand oder Gefühl – wem sollen wir folgen?* In: Roth, Gerhard; Grün, Klaus-Jürgen, Friedman, Michel (Hg). Kopf oder Bauch. Zur Biologie der Entscheidung. Göttingen: Vandenhoeck & Ruprecht.

Roth, Gerhard; Grün, Klaus-Jürgen, Friedman, Michel (2010). *Kopf oder Bauch. Zur Biologie der Entscheidung.* Göttingen: Vandenhoeck & Ruprecht.

Russell, Bertrand (1967). *Probleme der Philosophie.* Berlin: Suhrkamp.

Savage, Leonard J. (1972). *The Foundations of Statistics.* New York: Dover Publications.

Scherzberg, Arno (Hg.) (2006). *Kluges Entscheiden: Disziplinäre Grundlagen und interdisziplinäre Verknüpfungen.* Tübingen: Mohr Siebeck.

Schnell, Rainer, Hill, Paul B., Esser, Elke & Schnell-Hill-Esser. (2005). *Methoden der empirischen Sozialforschung.* München: Oldenburg.

Schulz-Hardt, Stefan (2007). *Gruppen als Entscheidungsträger in kritischen Situationen: Mehr wissen = besser entscheiden?* In: Stefan Strohschneider (Hg.): Entscheiden in kritischen Situationen. Frankfurt: Verlag für Polizeiwissenschaft, S. 137–151.

Selten, Reinhard (2001). *What is Bounded Reality?* In: Gerd Gigerenzer und Reinhard Selten (Hg.): Bounded Rationality. The Adaptive Toolbox. Cambridge, Mass.: MIT Press, S. 13–36.

Simon, Herbert A. (1959). *Theories of Decision Making in Economics and Behavioural Sciences.* In: The American Economic Review Jg. 43 , S. 253–283.

Simon, Herbert A. (1979). *Rational Decision Making in Business Organisations.* In: The American Economic Review 69 (4), S. 493–513.

Simon, Herbert A.; Egidi, Massimo; Marris, Robin Lapthorn (Hg.) (2008). *Economics, Bounded Rationality and the Cognitive Revolution.* Brookfield: E. Elgar.

Spitzer, Manfred (2002). *Lernen. Gehirnforschung und die Schule des Lebens.* Heidelberg: Spektrum.

Strohschneider, Stefan (Hg.) (2007). *Entscheiden in kritischen Situationen.* Frankfurt: Verlag für Polizeiwissenschaft.

Taleb, Nassim (2007). *Fooled by Randomness. The Hidden Role of Chance in Life and in the Markets.* London: Penguin.

Taleb, Nassim (2011). *The Black Swan. The Impact of the Highly Improbable.* New York: Random House.

Tavris, Carol; Aronson, Elliot (2010). *Ich habe recht, auch wenn ich mich irre. Warum wir fragwürdige Überzeugungen, schlechte Entscheidungen und verletzendes Handeln rechtfertigen.* München: Riemann.

Tetlock, Philip E. (2006). *Expert Political Judgment: How Good Is It? How Can We Know?* Princeton: Princeton University Press.

tirol.orf.at (2012). *Bergführer wegen fahrlässiger Tötung verurteilt.* Online verfügbar unter http://tirol.orf.at/m/news/stories/2515925/, zuletzt geprüft am 04.08.2012.

Töchterle, Luis (op. 2007). *Vergesst den Rest! Das "Restrisiko" - eine gedankliche Fehlkonstruktion.* In: Jürgen Einwanger (Hg.): Mut zum Risiko. Herausforderungen für die Arbeit mit Jugendlichen. München, Basel: E. Reinhardt, S. 127–129.

Weber, Max; Winckelmann, Johannes (1980). *Wirtschaft und Gesellschaft: Grundriss der Verstehenden Soziologie.* Tübingen: Mohr.

Wegner, Daniel M.; Erber, Ralph; Raymond, Paula (1991). *Transactive Memory in Close Relationships.* In: Journal of Personality and Social Psychology, Jg. 61, (6) S. 923-929.

Wegner, Daniel M. (1986). *Transactive Memory: A Contemporary Analysis of the Group Mind.* In: Brian Mullen und George R. Goethals (Hg.): Theories of Group Behavior. New York: Springer, S. 185–207.

Weick, Karl E. (1993). *The Collapse of Sensemaking in Organizations: The Mann Gulch Disaster.* In: Administrative Science Quarterly, Vol. 38, No. 4 (Dec., 1993), S. 628-652.

Weick, Karl E.; Roberts, Karlene H. (1993). *Collective Mind in Organzations: Heedful Interrelating on Flight Decks.* In: Administrative Science Quarterly, Jg. 38 (4), S. 357-381.

Weick, Karl E.; Sutcliffe, Kathleen M. (2007). *Managing the Unexpected. Resilient Performance in an Age of Uncertainty.* San Francisco: Jossey-Bass.

Wiese, Harald (2002). *Entscheidungs- und Spieltheorie.* Berlin: Springer.

Wittgenstein, Ludwig (1953). PU – *Philosophische Untersuchungen.* Online verfügbar unter http://www.geocities.jp/mickindex/wittgenstein/witt_pu_gm.html, zuletzt geprüft am 09.07.2012.

Würtl, Walter; Larcher, Michael (2007). *Strategie als Antwort auf Komplexität - Risikomanagement im Bereich des Bergsports.* In: Jürgen Einwanger (Hg.): Mut zum Risiko. Herausforderungen für die Arbeit mit Jugendlichen. München: E. Reinhardt, S. 109–116.